はじめてでも編める

# 5本指手ぶくろの教科書

ミカ＊ユカ

誠文堂新光社

## Contents

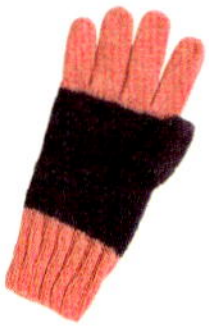

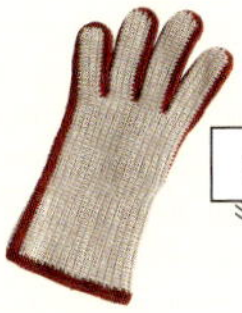

（　）はサイズ展開です。
作品ページの写真で特に記載のないものはMサイズです。

# はじめに

ミトンや指なし手ぶくろ、リストウォーマーに比べたら、
少しややこしく見える５本指の手ぶくろ。
でも、指の拾い目さえクリアできれば、あとはメリヤス編みが基本なので、
見た目ほど難しくないように思います。
何より達成感があり、少ない毛糸で編めるので、
たまった毛糸の在庫整理にもってこい。

普段身に着けないような色を選んでみたり、
気軽にプレゼントしたりできるのは、小物ならではの楽しみですね。
ぜひ、たくさん編んでみてください。

## 使用する棒針について

本書で紹介する手ぶくろは輪に編むことが基本です。
4本針と輪針、好きな方で編んでください。

### 4本針で編む

作り目を3本に分け、残りの1本で編んでいきます。針と針の間がゆるみやすいので、時々分ける場所を変えながら編むのがコツです。

### 輪針で編む（マジックループ）

コードが長め（60cmや80cm）の輪針を使い、コードを引き出しながら編む方法。どんなに小さなものでも編むことができ、かさばらないのがメリットです。

## サイズについて

デザインによってS、M、Lのサイズを紹介しています（実際のサイズは各作品の作り方参照）。

**S…子どもや手の小さい人向け**
**M…一般的なレディースサイズ**
**L…手の大きい人、メンズ向け**

もしくは針の号数を大きくするとサイズが大きく、小さくするとサイズが小さく仕上がります。
各作品のゲージを参考に調整してみましょう。
個人差の大きい指の長さは、段数を1～2段増減することでアレンジができます。

## 親指の編み方は2種類あります

**A-type**

手首から編み始め、親指の穴を別糸で編み、あとでほどいて糸をつけて親指を編む一般的な方法。

**B-type**

手首から編み始め、増し目をしながら親指のマチを編む方法。親指の位置が横になるので、左右の区別がありません。

# 道具について

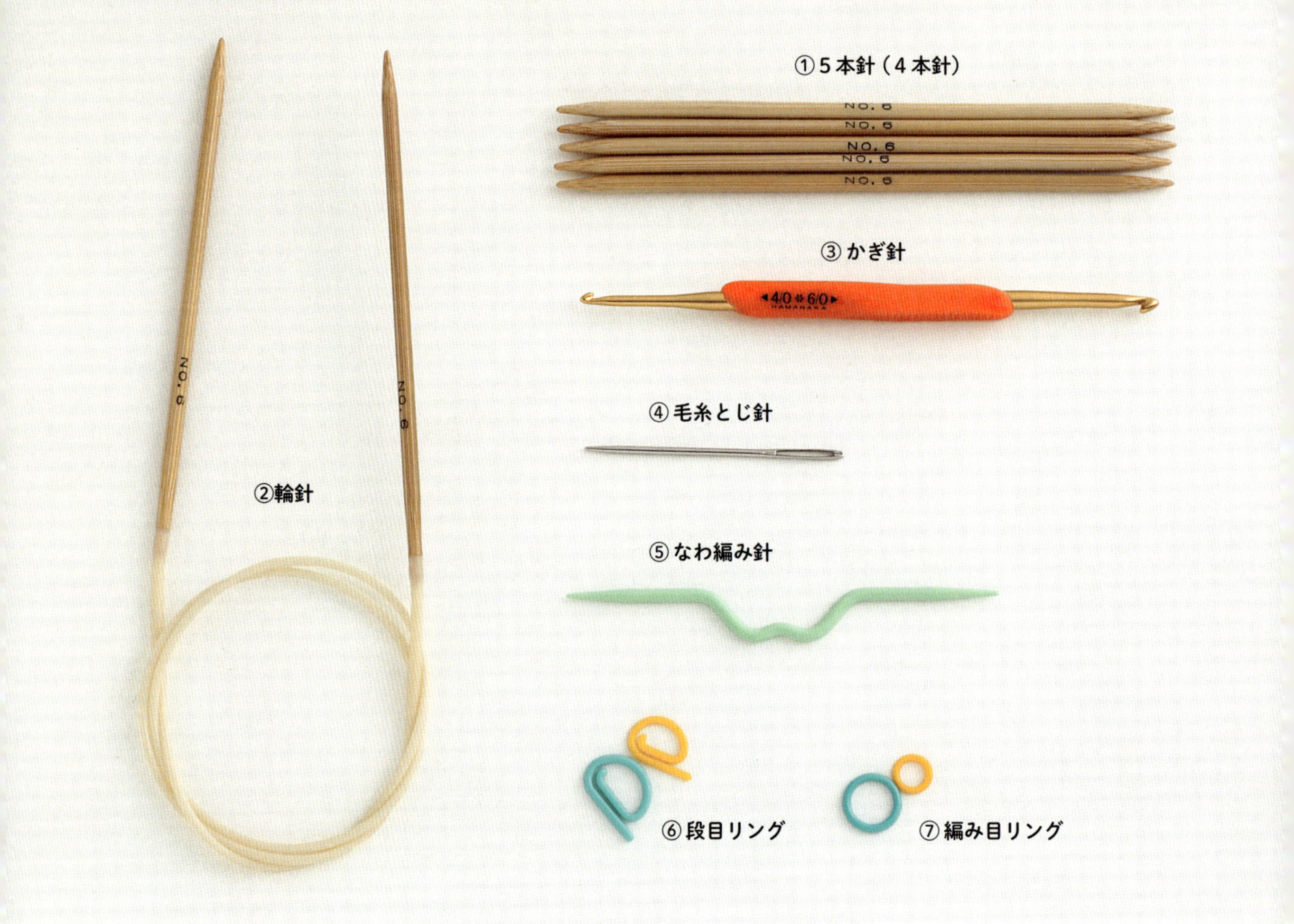
①５本針（４本針）
NO.5
③かぎ針
4/0 6/0
HAMANAKA
④毛糸とじ針
②輪針
NO.6
⑤なわ編み針
⑥段目リング
⑦編み目リング

**①５本針（４本針）**
手ぶくろはかさばらない短めの針が便利。５本セットで販売されていますが、たいていは４本あれば十分。

**②輪針**
コードの長さにいくつか種類がありますが、おすすめは60〜80㎝。

**③かぎ針**（ハマナカ アミアミ両かぎ針 ラクラク）
かぎ針編みの作品はもちろんのこと、棒針編みにも目が落ちてしまった時や補修のためにあると便利です。

**④毛糸とじ針**
糸始末の時に使うので、編み物の必需品。メリヤス刺繍にも。

**⑤なわ編み針**
交差編みをする時に目を休めておくための針。

**⑥段目リング**
編んだ段数がわからなくならないようにつけておくもの。編み目に通して使います。

**⑦編み目リング**
編み始めや区切りの目印につけておくもの。編み針に通して使います。

## 毛糸について

①ハマナカ アメリー
②ハマナカ
アメリーエフ≪合太≫
③ハマナカ
カミーナ ストレート
④ハマナカ
カミーナ ループ
⑥ハマナカ ソノモノ
アルパカリリー
⑤ハマナカ ソノモノ
アルパカウール≪並太≫
⑦ハマナカ
コロポックル
⑧ハマナカ モヘア
⑨ハマナカ ウービー
≪グラデーション≫
⑩ハマナカ ディーナ
⑪ハマナカ エクシードウールL
≪並太≫

**①ハマナカ アメリー**
使いやすい並太タイプ。糸割れしにくく編みやすいので初心者にもおすすめ。色数も豊富。

**②ハマナカ アメリーエフ≪合太≫**
人気のアメリーの合太バージョン。かぎ針や編み込みなど、いろいろな作品に使えます。

**③ハマナカ カミーナ ストレート**
メリヤス編みの編み目がきれいに見えるように撚りを工夫した糸。

**④ハマナカ カミーナ ループ**
ぬいぐるみのような、もこもこした編み地になるループヤーン。

**⑤ハマナカ ソノモノ アルパカウール≪並太≫**
原毛本来の風合いで上質な手ざわり。ナチュラルな色目が揃っています。

**⑥ハマナカ ソノモノ アルパカリリー**
抜群の風合いのリリヤーン糸。空気を含むので軽くて暖かです。

**⑦ハマナカ コロポックル**
中細よりやや太めの仕立てで編みやすい糸。ナイロン混なので摩擦に強く、手ぶくろや靴下に最適です。

**⑧ハマナカ モヘア**
天然繊維と化学繊維をブレンドし、風合いとウォッシャブル機能を両立させたロングセラー商品です。

**⑨ハマナカ ウービー ≪グラデーション≫**
甘撚りのロービング糸で、ふわふわと柔らかい素材感が魅力的な糸。

**⑩ハマナカ ディーナ**
複雑で美しいグラデーション。簡単な編み地でも深みのある作品に仕上がります。

**⑪ハマナカ エクシードウールL ≪並太≫**
ウール100%の並太タイプ。編み地は上質感があり、端正な印象に仕上がります。

※本書の作品には、すべてハマナカ株式会社の糸を使用しています。

# A-1

## 基本の手ぶくろ・並太

Size L
Size M
Size S

手に入りやすい並太で編む、
シンプルな手ぶくろの編み方を紹介します。
色を切り替えたり、グラデーション糸で編んでもすてきです。
お好みでアレンジしてみましょう。

糸：ハマナカ アメリー

# A-1 基本の手ぶくろ・並太（右手・Mサイズ）

Aタイプの基本となる編み方です。わかりやすいように工程ごとに糸の色を替えています。

## ●手首から編み始めます

①指でかける作り目(P91)を41目（必要な目数＋１目）作ります。糸端から約70cmのところから６号針１本で作ります。

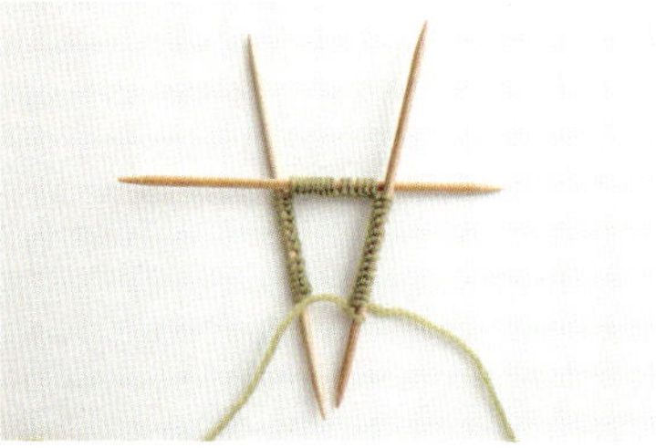

②３本の針に分けます。だいたいでＯＫ。作り目がよじれないように注意。作り目が1段めになります。

★
⊙

③編み始めの１目（★）を最後の目（⊙）に通してつなぎます。

★
⊙

④つないだところ。これが１目めになります。こうすると編み始めに段差ができにくい。

⑤１目めを左の針に移し、表目、裏目、表目を繰り返し、針4本で１目ゴム編みを編みます。

⑥必要な段数（Mは21段）編みます。手首が編み終わりました。編み目リングをつけておくとわかりやすい。

## ●親指穴に別糸を編み、４本指のつけ根まで編みます

①糸を替える場合は新しい糸をつけ、替えない場合はそのまま表編みを21段編みます。

②親指穴の段まで編めたところ。※左手は位置が違うので注意。

③別糸を用意し、６目別糸で編み、糸を切ります。あとでほどくので、目立つ色がおすすめ。

④別糸で編んだ６目を左の針に移します。

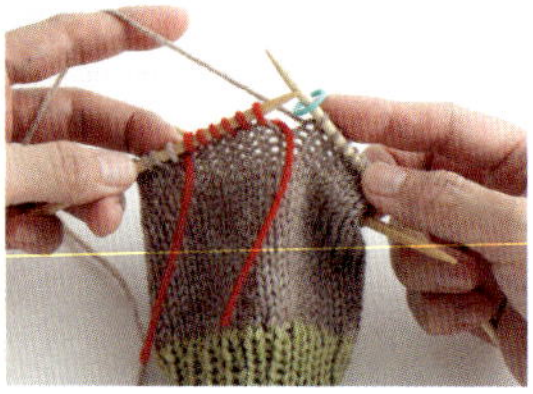

⑤地糸でそのまま別糸の目を編みます。

⑥続けて残りを編み進みます。４本の指のつけ根まであと15段編みます。

⑦４本の指のつけ根まで編んだところ。

※目数と段数はMサイズの場合です。他のサイズはP14を参照してください。

## ●人差し指を編みます

①人差し指の分を６目ずつ、計12目針にとり、残りの目は休ませておきます。指は３本の針で編みます。

②そのままついている糸で人差し指を輪に編みます。色を替える場合は新しい糸をつけます。

③ぐるぐると24段編みます。

④24段編んだら糸を20cm残して切り、とじ針に通します。針にかかっている全部の目に糸を通し、１周します。

⑤糸を引いてキュッと絞ります。

表

⑥中心から針を入れ、裏に出します。

裏

⑦裏返したところ。

⑧糸で絞った目に針を刺し、３～４目ずつすくって１周します。

⑨根元をすくい、輪の中に針を入れて引き締めます。

⑩編み地に３目ほどくぐらせます。表にひびかないよう１段おきに。

⑪Uターンをして隣の列を互い違いになるように２目拾います。

⑫糸を切り、表に返します。人差し指が編めました。

# A-1

## ●中指、薬指、小指の順に編みます

①中指を編みます。休めていた目から、それぞれ5目ずつ針に通します。

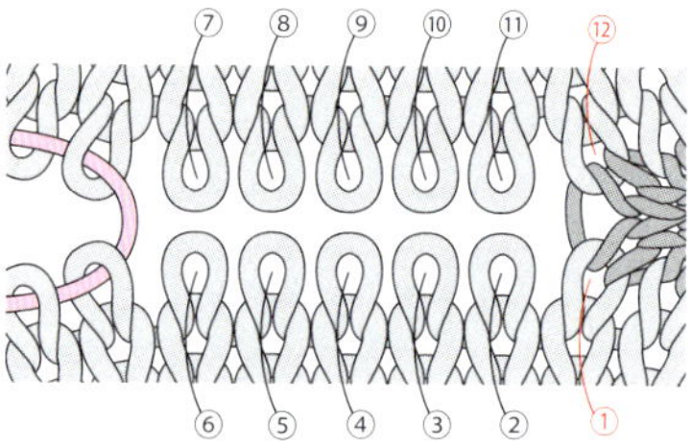
⑦
⑧
⑨
⑩
⑪
⑫
⑥
⑤
④
③
②
①

中指と薬指の編み出し

②編み始めは、新しい糸をつけて人差し指のつけ根から1目拾います（•）。

③拾ったところ。続けて手の甲の5目を表編みで編みます。

④続けて手の甲側を編み、最後に人差し指のつけ根から1目拾います。これで計12目になりました。

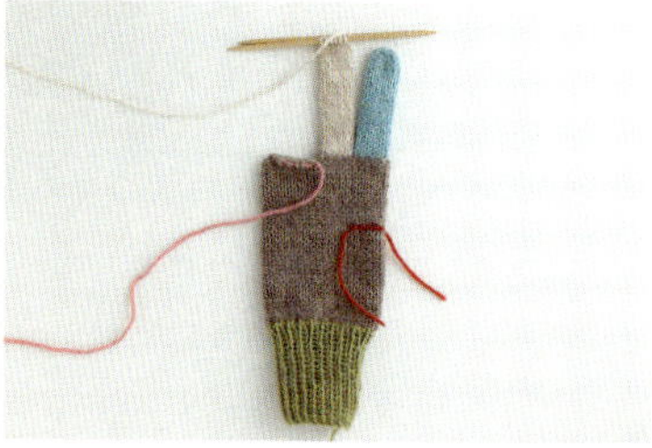

⑤ぐるぐると輪に編み、27段まで編みます。人差し指と同様に目を絞り、糸始末をします。

⑥中指同様に薬指を編みます。

⑦最後に小指を編みます。4目ずつ針にかけ、小指だけ薬指のつけ根から3目拾うので、計11目になります。

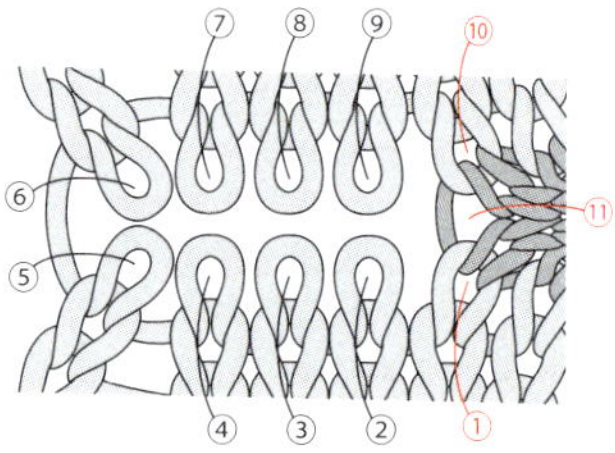
⑦
⑧
⑨
⑩
⑥
⑪
⑤
④
③
②
①

小指の編み出し

⑧まずは薬指のつけ根から1目拾い、針にかかっている目を8目編みます。

⑨最後に2目、薬指のつけ根から拾います。これで計11目。

⑩表編みを19段編み、他の指同様に絞り、糸始末をします。

## ●親指を編みます

①別糸の上下の目を６目ずつ針に移します。

②編み込んだ別糸を別の針などで引き出してほどきます。

③６目ずつ、計12目が針にかかっています。

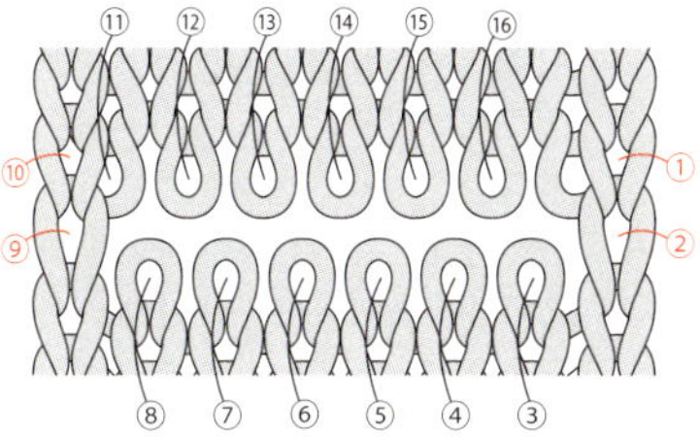
⑪
⑫
⑬
⑭
⑮
⑯
⑩
⑨
①
②
⑧
⑦
⑥
⑤
④
③

**親指の編み出し**

④両端で２目ずつ、計４目編み地から拾います。左図を参照して、まずは外側の２目を拾います（●）。

⑤２目拾ったところ。続けて下の棒にかかっている６目を編み、反対側の端で２目拾い、上の棒にかかっている６目を編みます。

⑥全部で16目になります。表目で19段編みます。

⑦19段編めたら、他の指同様に糸を通して絞り、糸始末をします。

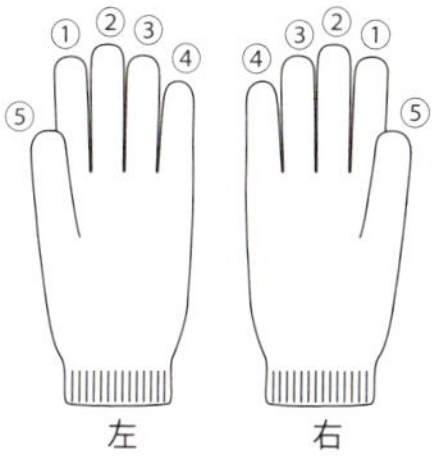
①
②
③
④
⑤
左
④
③
②
①
⑤
右

**左右の編む順番**

左手を編む場合も人差し指から順に編みます。糸端が小指側なので一度糸を切り、手の甲側を見ながら同様に目を拾いながら編みます。

## ●糸端を始末します

①手ぶくろを裏に返し、糸をとじ針に通し、編み目に７～８目くぐらせます。

②Uターンして隣の列の編み目に半分ほどの目数に通して糸を切ります。

③色替えをした場所は２本あるので固結びにします。

④それぞれ同じ色の編み地に、Uターンしてくぐらせて糸を切ります。

# A-1 基本の手ぶくろ・並太

Photo → P8

【使用糸】
S ハマナカ アメリー　赤(55)…40g
M ハマナカ アメリー　グレー(22)…50g
L ハマナカ アメリー　ブルー(37)…55g
【用　具】 6号4本針(短) または輪針
【ゲージ】(10㎝四方) 21目32段
【できあがりサイズ】図参照

**Point**

指でかける作り目をして輪にし、1目ゴム編みで手首を編み、図を参照して続けてメリヤス編みで、手のひら～甲を編みます。途中、親指位置で別糸を編み入れます。親指以外の4本の指を指定の目数に分け、順に編んでいきます。親指の別糸の目を拾い、編みます。

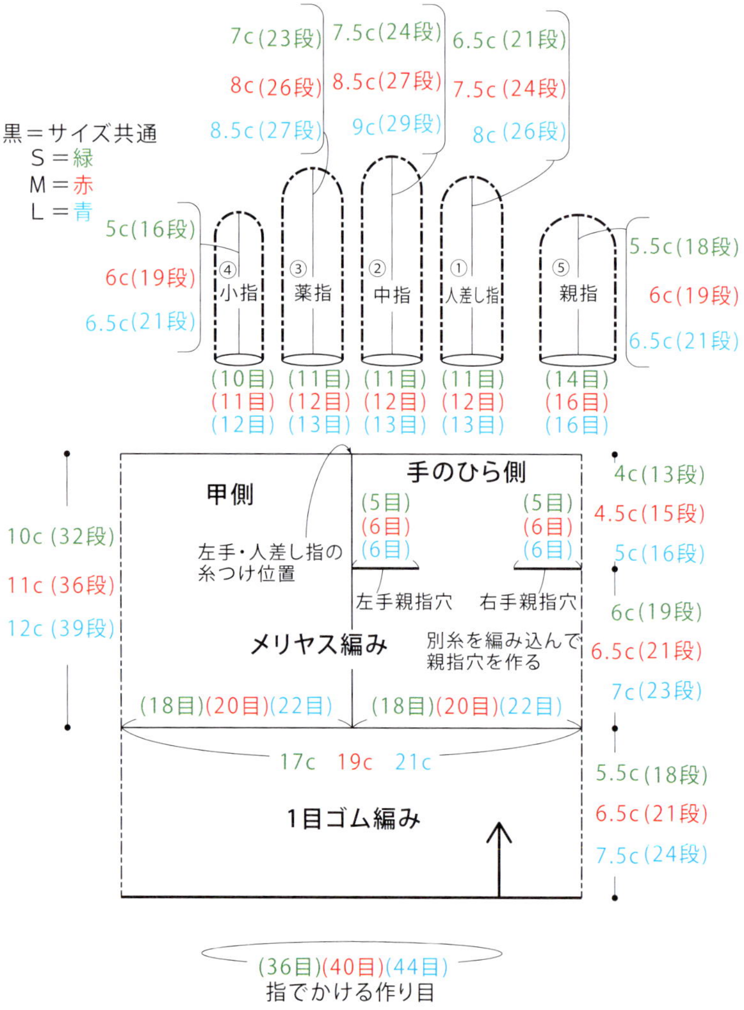

黒＝サイズ共通
S＝緑
M＝赤
L＝青
7c(23段)
8c(26段)
8.5c(27段)
7.5c(24段)
8.5c(27段)
9c(29段)
6.5c(21段)
7.5c(24段)
8c(26段)
5c(16段)
6c(19段)
6.5c(21段)
④小指
③薬指
②中指
①人差し指
⑤親指
5.5c(18段)
6c(19段)
6.5c(21段)
(10目)(11目)(12目)
(11目)(12目)(13目)
(11目)(12目)(13目)
(11目)(12目)(13目)
(14目)(16目)(16目)
甲側
手のひら側
(5目)(6目)(6目)
(5目)(6目)(6目)
左手・人差し指の糸つけ位置
左手親指穴
右手親指穴
10c(32段)
11c(36段)
12c(39段)
4c(13段)
4.5c(15段)
5c(16段)
6c(19段)
6.5c(21段)
7c(23段)
メリヤス編み
別糸を編み込んで親指穴を作る
(18目)(20目)(22目)
(18目)(20目)(22目)
17c 19c 21c
1目ゴム編み
5.5c(18段)
6.5c(21段)
7.5c(24段)
(36目)(40目)(44目)
指でかける作り目


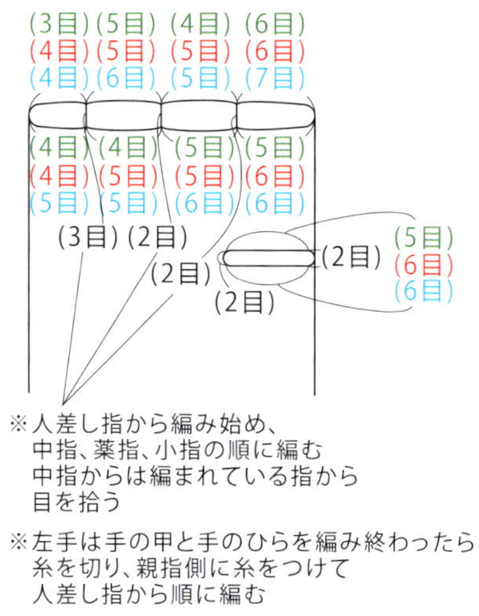

右手の指の編み出し方
※左手は対称に編む
(3目)(5目)(4目)(6目)
(4目)(5目)(5目)(6目)
(4目)(6目)(5目)(7目)
(4目)(4目)(5目)(5目)
(4目)(5目)(5目)(6目)
(5目)(5目)(6目)(6目)
(3目)(2目)
(2目)
(2目)
(2目)
(5目)(6目)(6目)
※人差し指から編み始め、中指、薬指、小指の順に編む
中指からは編まれている指から目を拾う
※左手は手の甲と手のひらを編み終わったら糸を切り、親指側に糸をつけて人差し指から順に編む

**薬指**

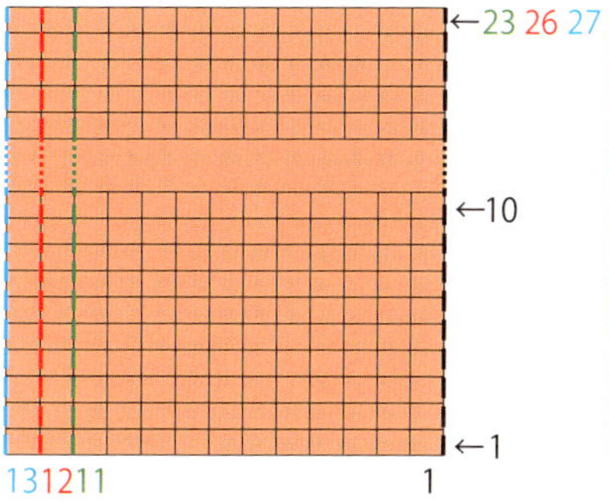
←23 26 27
←10
←1
131211
1

**中指**

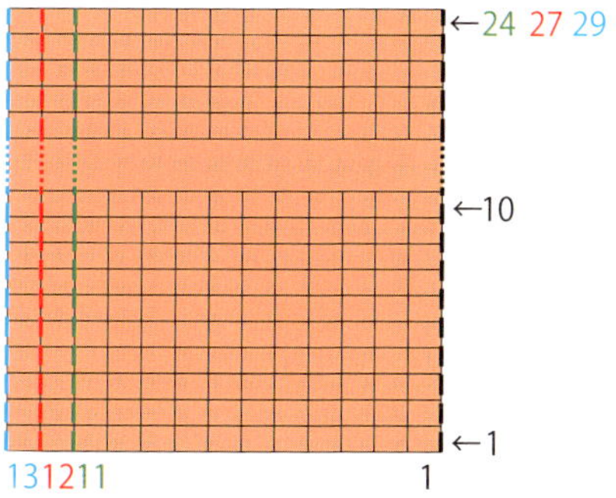
←24 27 29
←10
←1
131211
1

**人差し指**

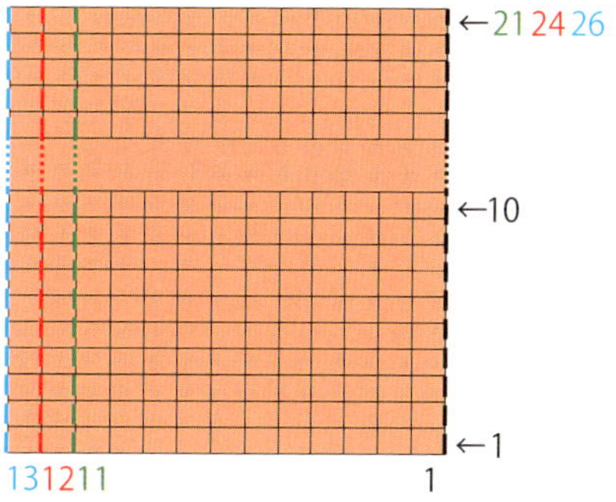
←21 24 26
←10
←1
131211
1

□ = [I] 表目

■ = S 赤 / M グレー / L ブルー

**小指**

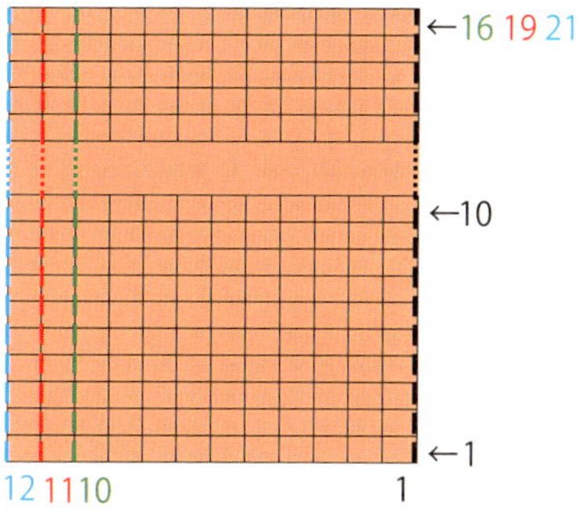
←16 19 21
←10
←1
12 11 10
1

**親指**

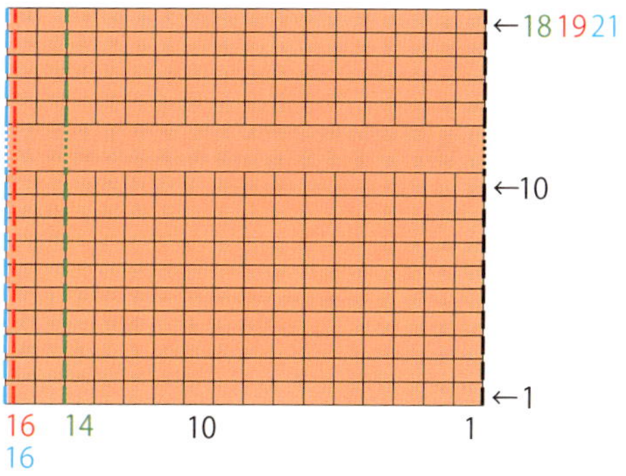
←18 19 21
←10
←1
16 14 10 1
16

※指の編み終わりは、最終段に糸を通して絞る（5本指とも共通）

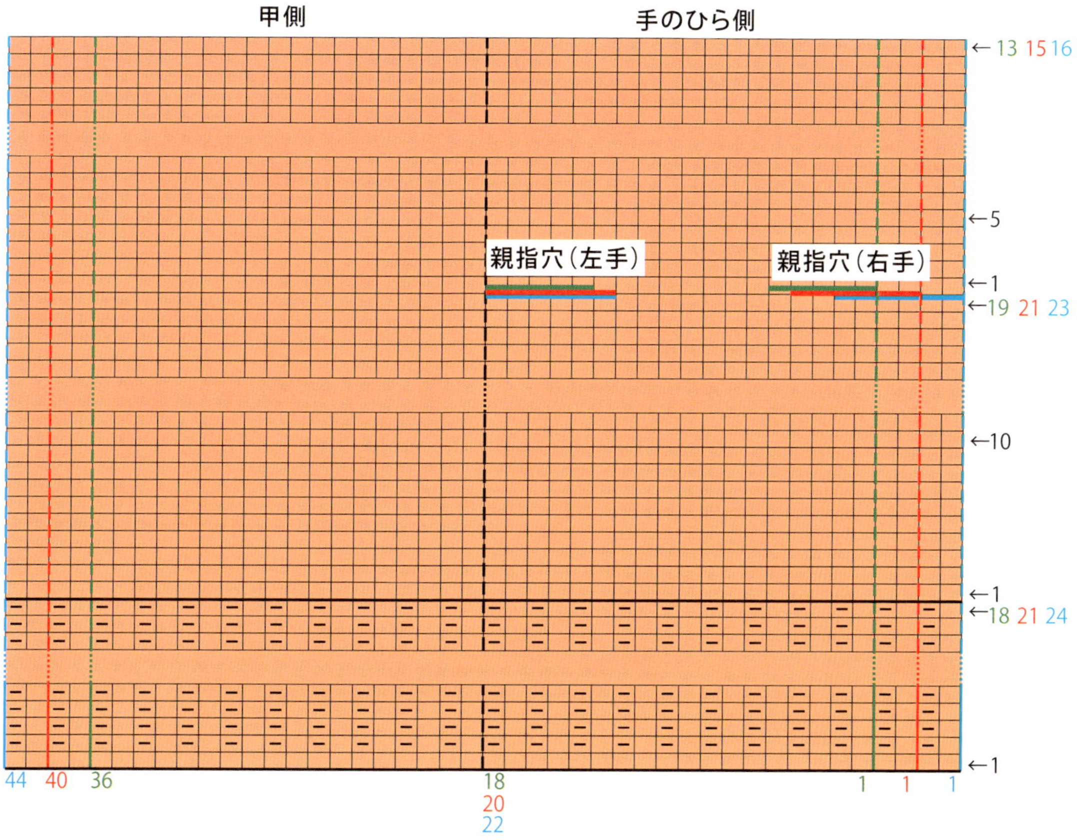
甲側
手のひら側
親指穴（左手）
親指穴（右手）
← 13 15 16
←5
←1
←19 21 23
←10
←1
←18 21 24
←1
44 40 36
18
20
22
1 1 1

## One Point Lesson

## 穴が開いてしまった時は

指のつけ根は目を拾って編むので、どうしても穴っぽくなってしまうものです。拾う時にねじり目をしたり、２目一度をしたりなど方法はいろいろありますが、あとから補修するのが一番確実。糸端が残っている場所ならその糸を使い、ない場所なら糸を新しくつけます。

### ●親指のつけ根　※わかりやすいように糸の色を替えています

①手ぶくろを裏返します。糸端がある場所はそれをとじ針に通し、ない場所は新しく糸をつけます。30cmくらいでＯＫ。

②穴の周りの糸をすくっていきます。

③ぐるりと１周します。

④糸を引いて絞り、穴を引き締めます。糸端を固結びにします。糸が1本の場合は根元をすくって輪に針をくぐらせて引き締めます。

⑤編み地にUターンさせてくぐらせ、糸を切ります。

⑥表に返したところ。穴はほとんどわからなくなっています。

### ●人差し指～小指のつけ根

①２目拾って指を編み出しているので、穴が二つ開いているように見えます。この場合は２回に分けて絞ります。

②出ている糸を使い、まずは片方の穴の周りをすくいます。

③キュッと絞ります。

④続けて隣の穴の周りをすくいます。

⑤同様にキュッと絞ります。これで穴がふさがりました。

⑥糸始末をします。

⑦できあがり。他に気になる部分は同様にふさぎます。

# A-2

## 基本の手ぶくろ・合太

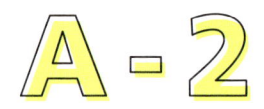

**A-1**の手ぶくろより細番手の毛糸を使って少し薄手になるように編みました。
目数は多いですが、編み方は同じです。ツートーンに色替えして、手首は2
目ゴム編みにアレンジしてあります。

糸：ハマナカ アメリー エフ≪合太≫

Size M
Size S
Size L

# A-2 基本の手ぶくろ・合太

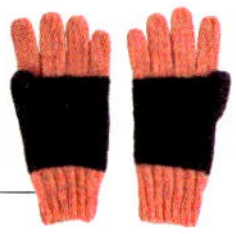

Photo → P18

【使用糸】
S ハマナカ アメリーエフ《合太》
黄色(502)…20g、水色(512)…15g
M ハマナカ アメリーエフ《合太》
ピンク(505)…25g、紫(510)…20g
L ハマナカ アメリーエフ《合太》
黄緑(516)…30g、オレンジ(506)…25g
【用　具】4号4本針(短)または輪針
【ゲージ】(10cm四方) 27目34段
【できあがりサイズ】図参照

**Point**

指でかける作り目をして輪にし、2目ゴム編みで手首を編み、図を参照して続けてメリヤス編みで、手のひら～甲を編みます。途中、親指位置で別糸を編み入れます。親指以外の4本の指を指定の目数に分け、順に編んでいきます。親指の別糸の目を拾い、編みます。

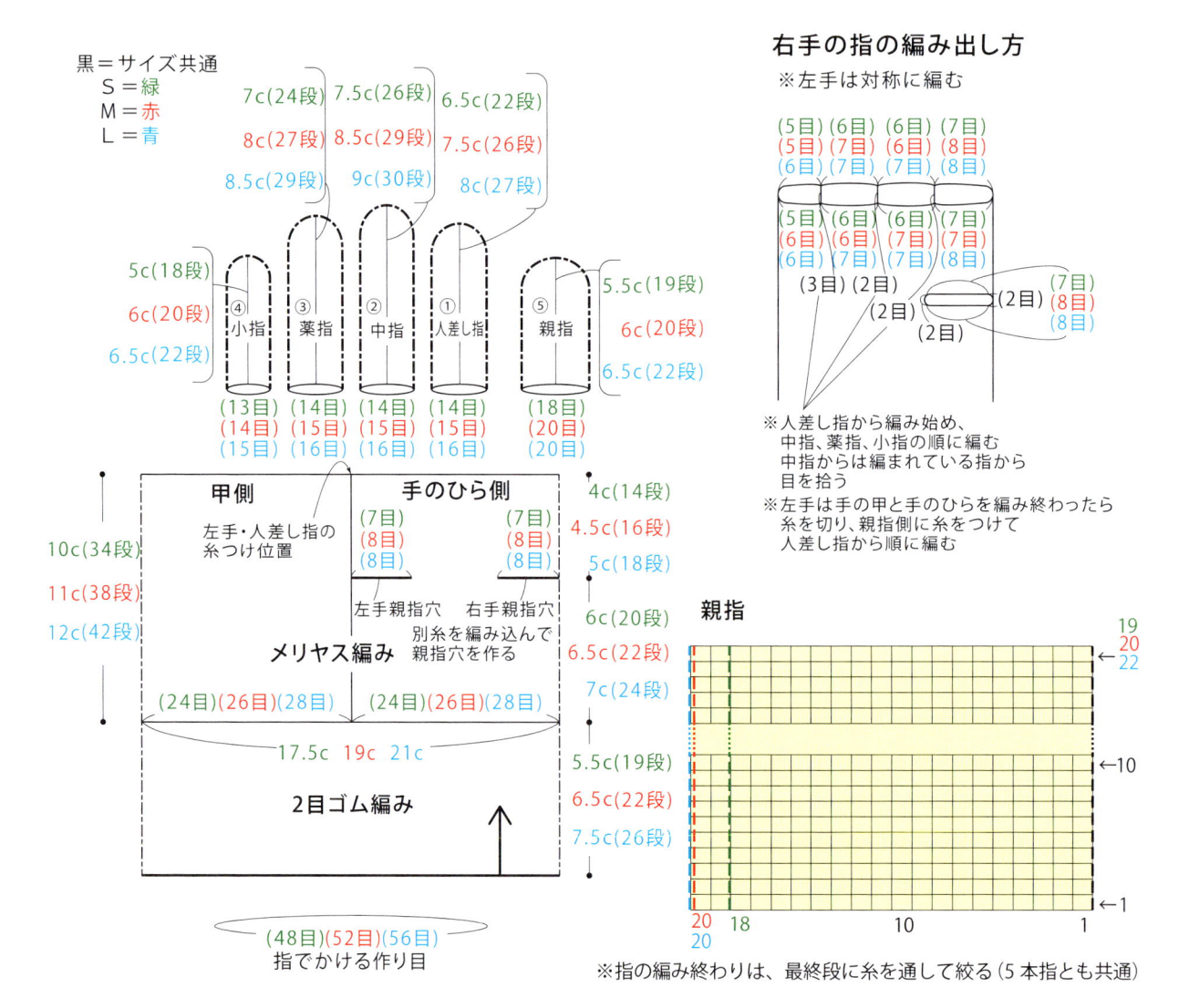

黒＝サイズ共通
S＝緑
M＝赤
L＝青

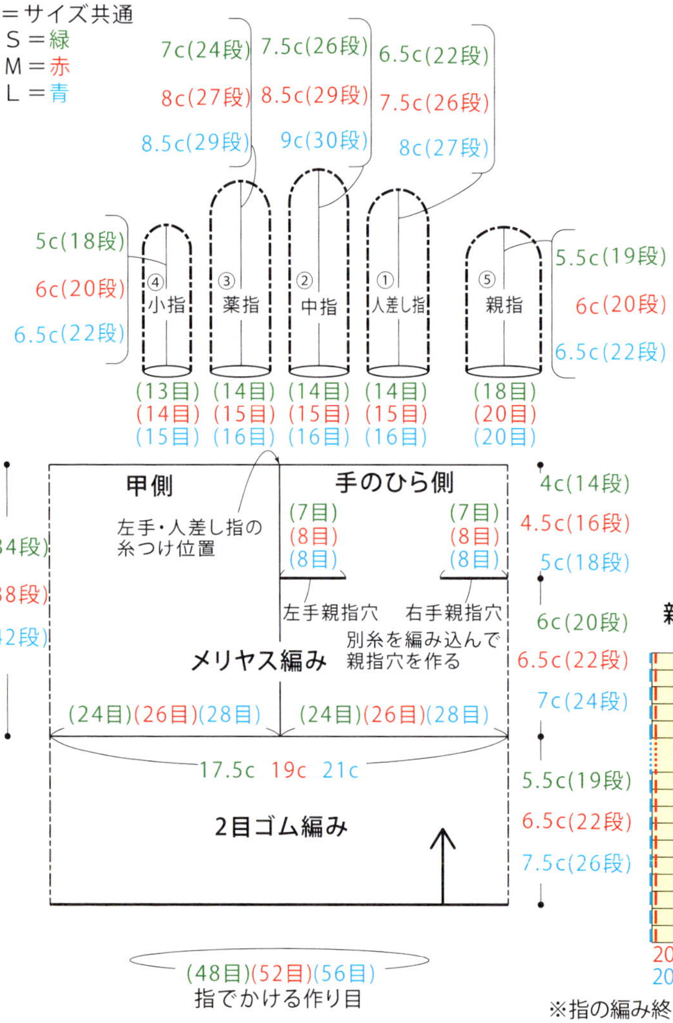

7c(24段) 8c(27段) 8.5c(29段)
7.5c(26段) 8.5c(29段) 9c(30段)
6.5c(22段) 7.5c(26段) 8c(27段)
5c(18段) 6c(20段) 6.5c(22段)
④小指 ③薬指 ②中指 ①人差し指 ⑤親指
5.5c(19段) 6c(20段) 6.5c(22段)
(13目)(14目)(15目)
(14目)(15目)(16目)
(14目)(15目)(16目)
(14目)(15目)(16目)
(18目)(20目)(20目)
甲側
手のひら側
左手・人差し指の糸つけ位置
(7目)(8目)(8目)
(7目)(8目)(8目)
左手親指穴
右手親指穴
別糸を編み込んで親指穴を作る
メリヤス編み
10c(34段) 11c(38段) 12c(42段)
4c(14段) 4.5c(16段) 5c(18段)
6c(20段) 6.5c(22段) 7c(24段)
(24目)(26目)(28目) (24目)(26目)(28目)
17.5c 19c 21c
2目ゴム編み
5.5c(19段) 6.5c(22段) 7.5c(26段)
(48目)(52目)(56目)
指でかける作り目


## 右手の指の編み出し方

※左手は対称に編む

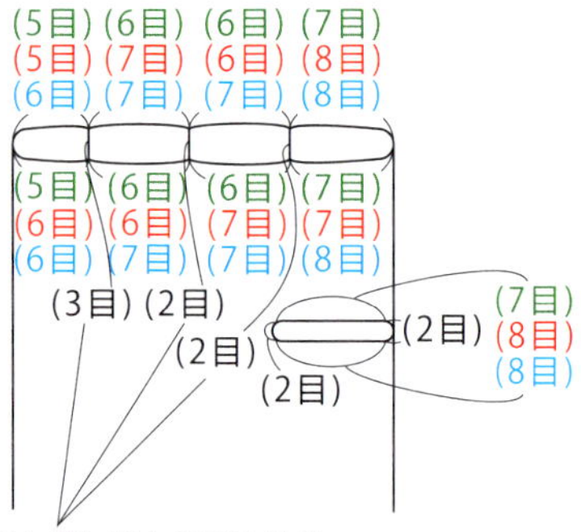

(5目)(6目)(6目)(7目)
(5目)(7目)(6目)(8目)
(6目)(7目)(7目)(8目)
(5目)(6目)(6目)(7目)
(6目)(6目)(7目)(7目)
(6目)(7目)(7目)(8目)
(3目)(2目)
(2目)
(2目)
(2目)
(7目)(8目)(8目)


※人差し指から編み始め、
中指、薬指、小指の順に編む
中指からは編まれている指から
目を拾う
※左手は手の甲と手のひらを編み終わったら
糸を切り、親指側に糸をつけて
人差し指から順に編む

## 親指

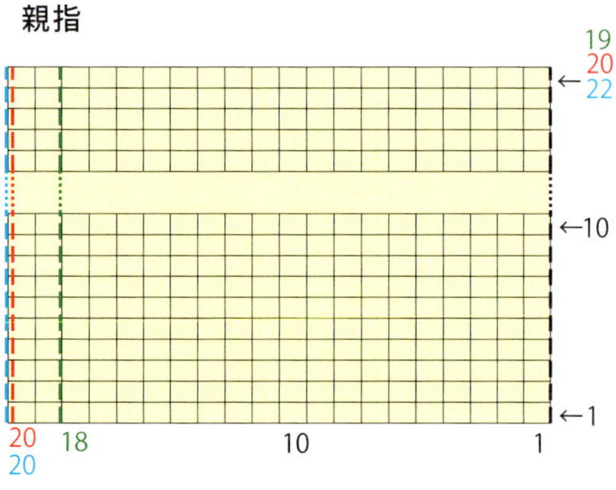

19
20
22
←10
←1
20
20
18
10
1


※指の編み終わりは、最終段に糸を通して絞る(5本指とも共通)

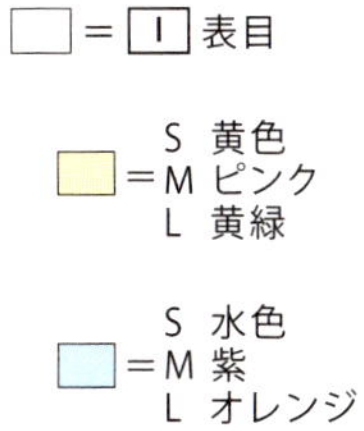

□ = [I] 表目
S 黄色
= M ピンク
L 黄緑
S 水色
= M 紫
L オレンジ


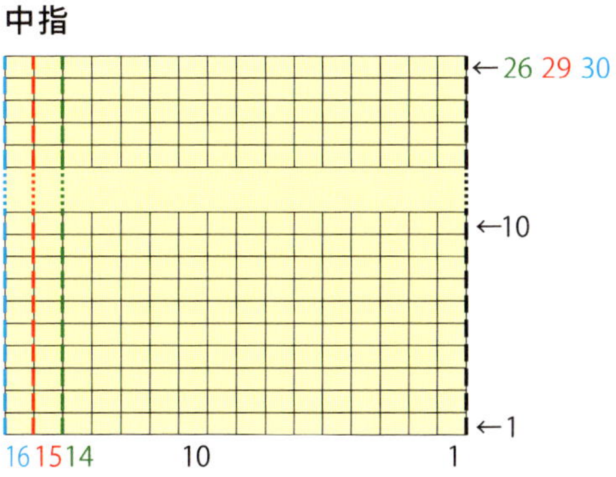

中指
← 26 29 30
←10
←1
16 15 14
10
1


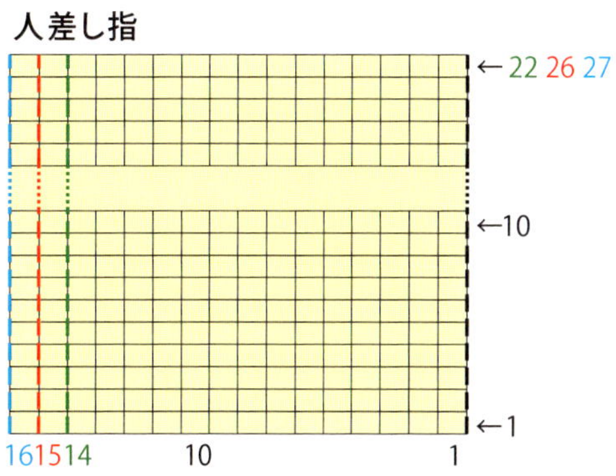

人差し指
← 22 26 27
←10
←1
16 15 14
10
1


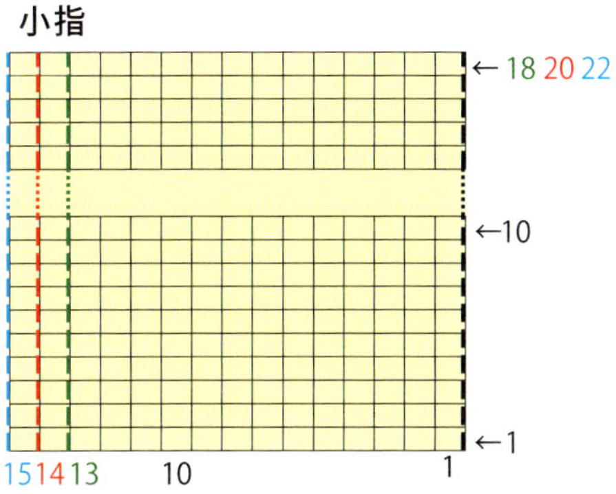

小指
← 18 20 22
←10
←1
15 14 13
10
1


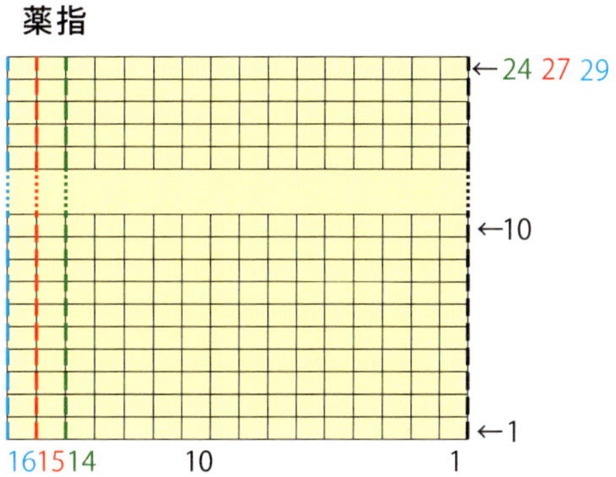

薬指
← 24 27 29
←10
←1
16 15 14
10
1


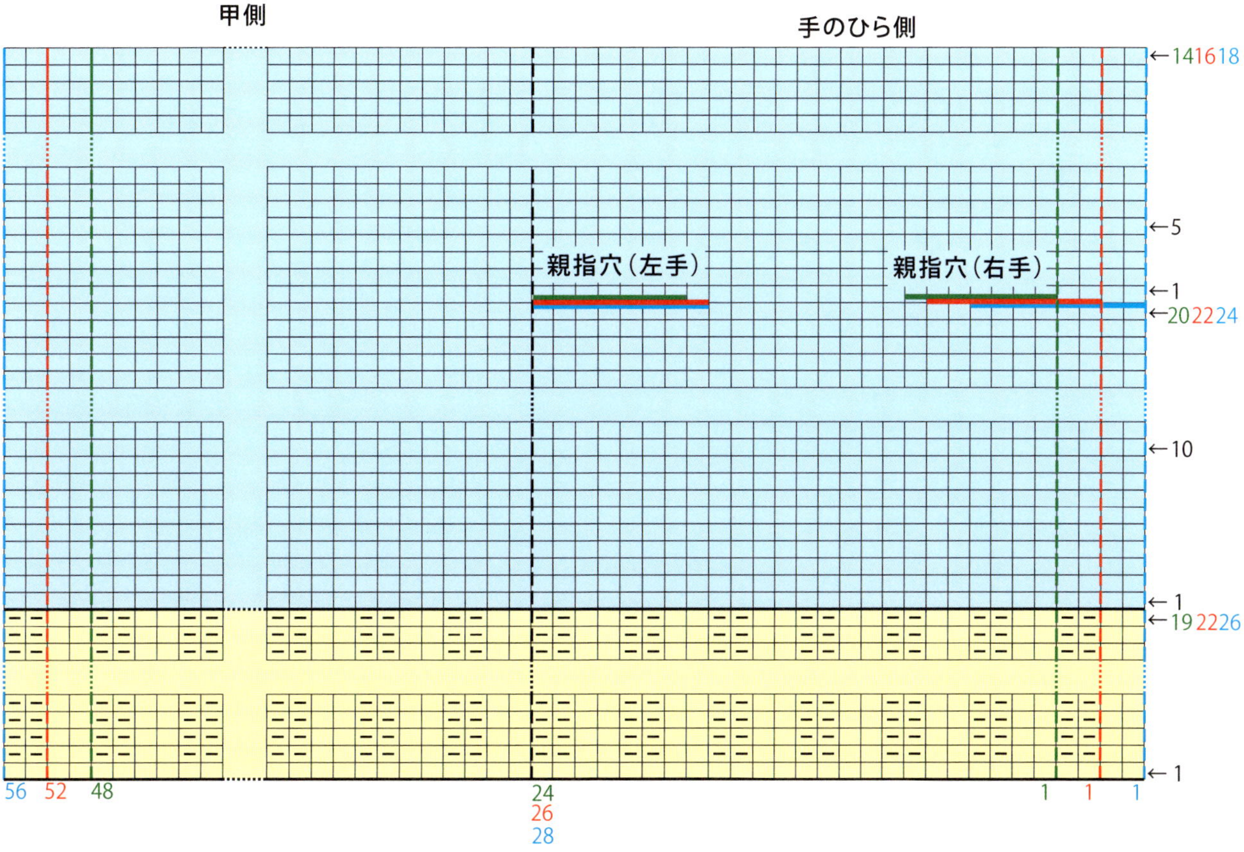

甲側
手のひら側
← 14 16 18
←5
親指穴（左手）
親指穴（右手）
←1
←20 22 24
←10
←1
←19 22 26
←1
56 52 48
24
26
28
1 1 1

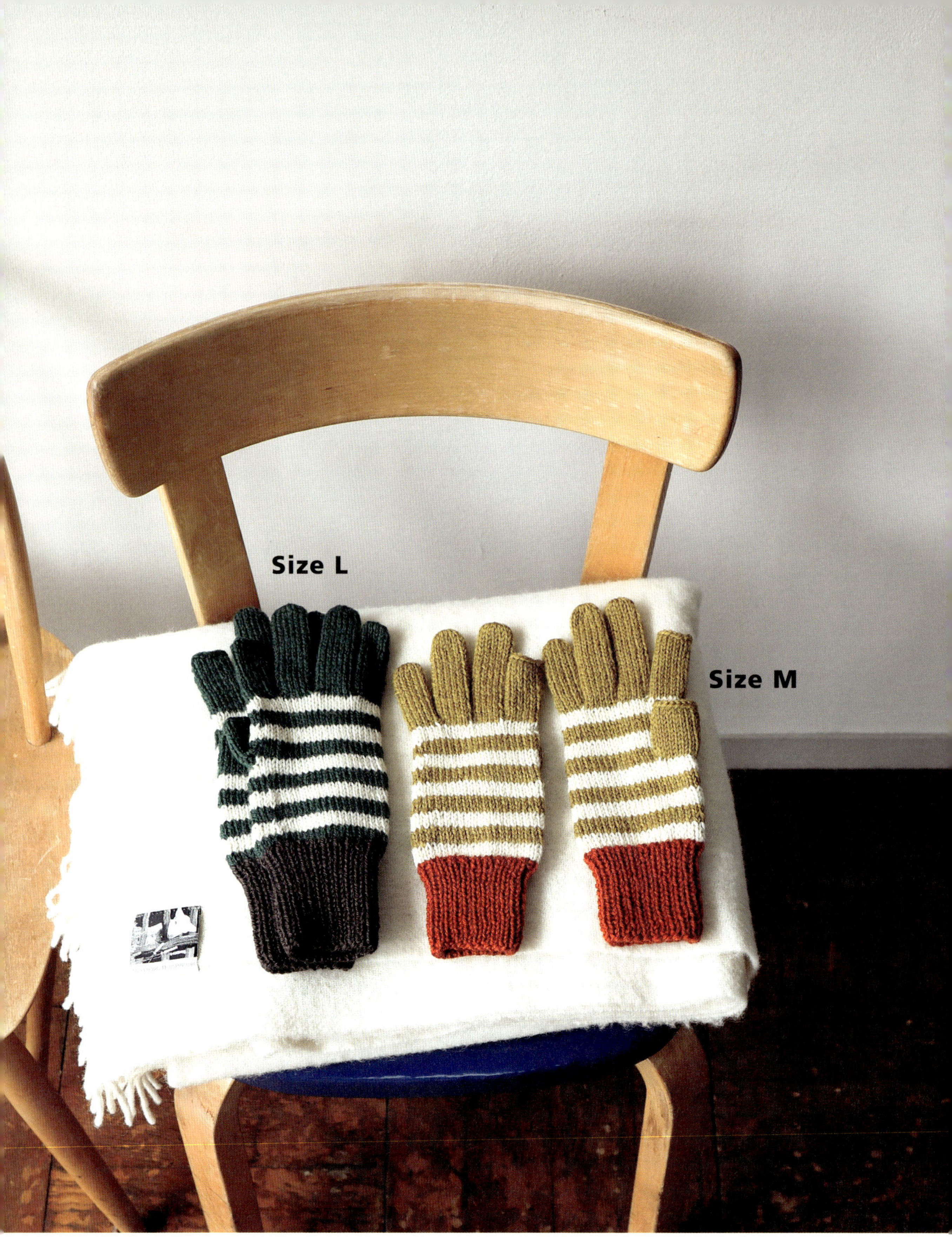
Size L
Size M

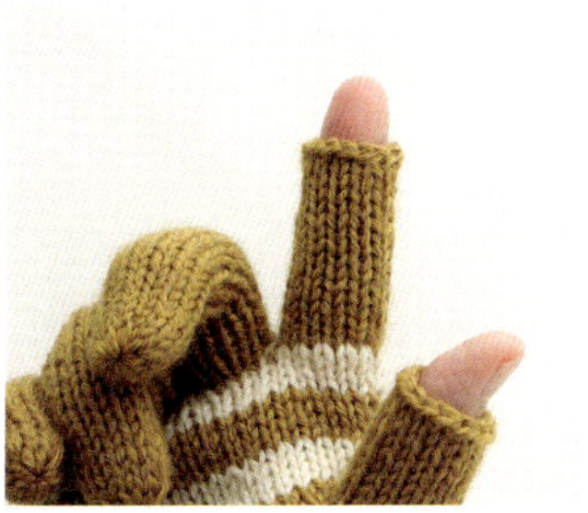

# A-3

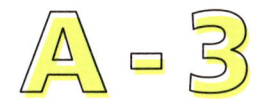

## ボーダーのスマホ用手ぶくろ

**A-1**基本の手ぶくろをベースに、親指と人差し指の指先を途中まで編み、伏せ止めにしました。スマホ操作だけでなく、コインをつかむ時などにも便利です。

糸：ハマナカ カミーナ ストレート

Point

### 糸を切らずに編みます

４段ごとに糸替えをします。このくらいの短い幅だったら糸を切らずにそのまま編んでも大丈夫。もっと太いボーダーにしたい場合は手を入れた時にひっかかるので、糸を切って、その都度始末をしましょう。

### ●指の先を伏せ止めにします

①まず２目表目をゆるめに編みます。

②１目めに左の針を入れ、２目めにかぶせて針からはずします。

③１目伏せたところ。糸を引き締めすぎないように注意。

④次の目を編み、ひとつ前の目をかぶせてはずす、を繰り返します。

⑤最後の１目になったら糸を引いて抜き、とじ針に通します。糸がついている目の次の目の頭のくさりをすくいます。

⑥１目前に戻り、目の中に針を通します。

⑦目がつながりました。

⑧編み地を裏返し、糸の根元を少しすくって輪の部分に針を通して引き、編み地にくぐらせて始末します（P11参照）。

# A-3 ボーダーのスマホ用手ぶくろ

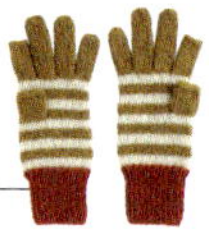

Photo → P22

【使用糸】
M ハマナカ カミーナ ストレート
れんが(3)…10g、からし(2)…40g、
生成り(1)…15g
L ハマナカ カミーナ ストレート
こげ茶(5)…20g、グリーン(4)…45g、
生成り(1)…20g
【用　具】 6号4本針(短) または輪針
【ゲージ】(10cm四方) 21目32段
【できあがりサイズ】図参照

**Point**

指でかける作り目をして輪にし、1目ゴム編みで手首を編み、図を参照して続けてメリヤス編みで、手のひら～甲を編みます。途中、親指位置で別糸を編み入れます。親指以外の4本の指を指定の目数に分け、順に編んでいきます。親指の別糸の目を拾い、編みます。人差し指と親指の編み終わりは、ゆるめに伏せ止めをして指先をあけておきます。

黒＝サイズ共通
M＝赤
L＝青

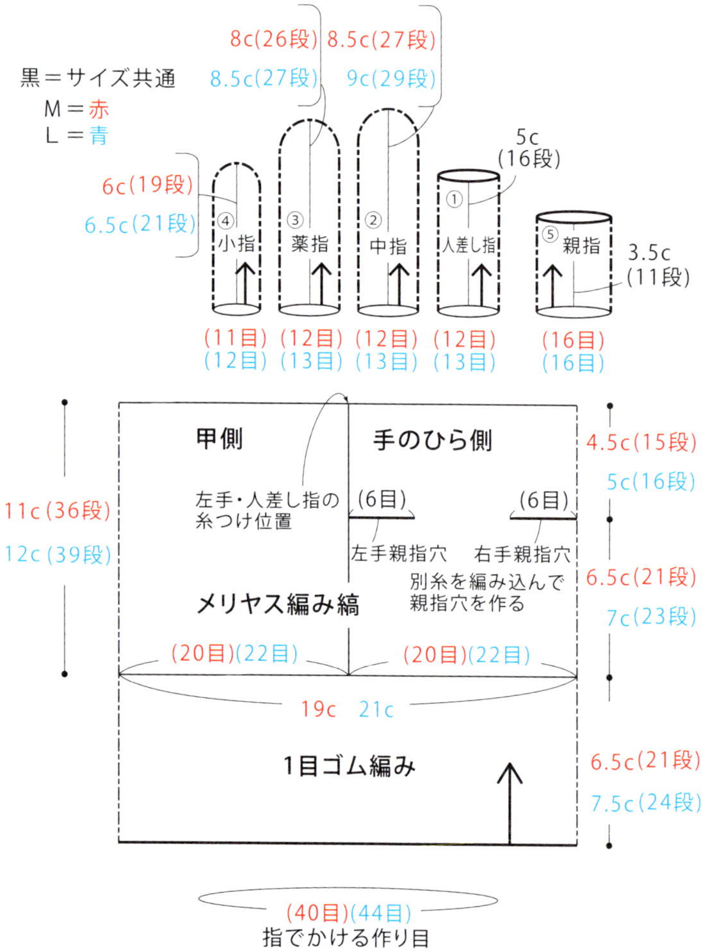

8c(26段) 8.5c(27段)
8.5c(27段) 9c(29段)
6c(19段)
6.5c(21段)
5c
(16段)
④小指
③薬指
②中指
①人差し指
⑤親指
3.5c
(11段)
(11目) (12目) (12目) (12目) (16目)
(12目) (13目) (13目) (13目) (16目)
甲側
手のひら側
左手・人差し指の
糸つけ位置
(6目)
(6目)
左手親指穴
右手親指穴
別糸を編み込んで
親指穴を作る
メリヤス編み縞
11c (36段)
12c (39段)
4.5c(15段)
5c(16段)
6.5c(21段)
7c(23段)
(20目)(22目)
(20目)(22目)
19c 21c
1目ゴム編み
6.5c(21段)
7.5c(24段)
(40目)(44目)
指でかける作り目


## 右手の指の編み出し方

※左手は対称に編む

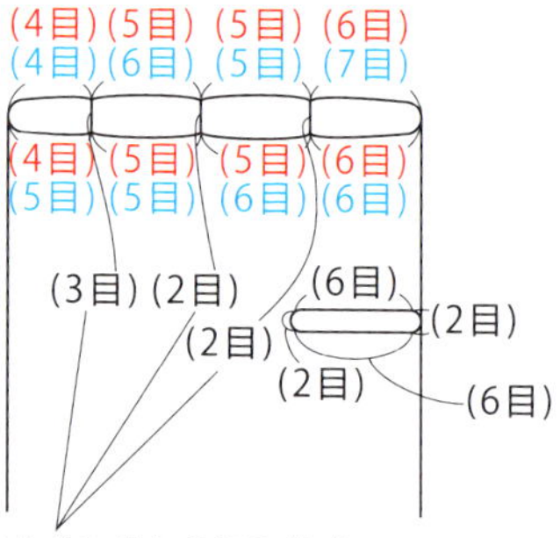

(4目) (5目) (5目) (6目)
(4目) (6目) (5目) (7目)
(4目) (5目) (5目) (6目)
(5目) (5目) (6目) (6目)
(3目) (2目)
(2目)
(6目)
(2目)
(2目)
(6目)


※人差し指から編み始め、
中指、薬指、小指の順に編む
中指からは編まれている指から目を拾う
※左手は手の甲と手のひらを編み終わったら
糸を切り、親指側に糸をつけて
人差し指から順に編む

□ = Ⅰ 表目

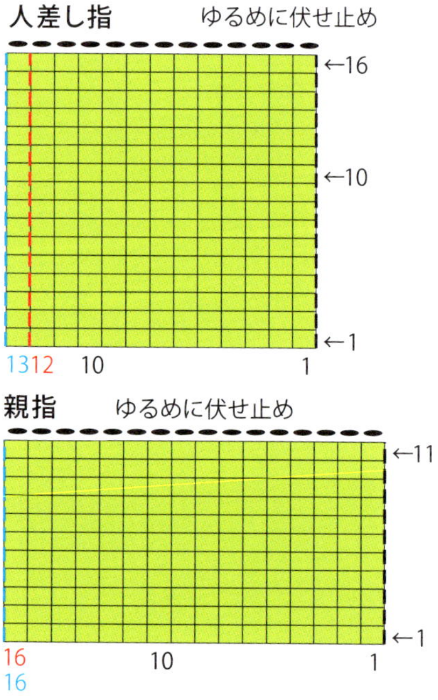

人差し指
ゆるめに伏せ止め
←16
←10
←1
13 12
10
1
親指
ゆるめに伏せ止め
←11
←1
16
16
10
1

薬指

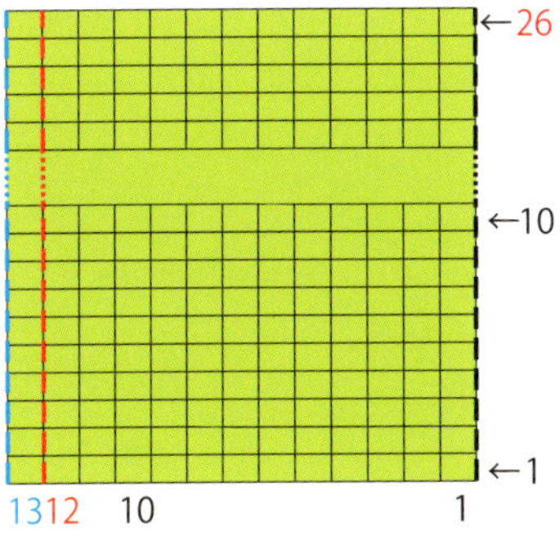
26 27
10
1
13 12
10
1

中指

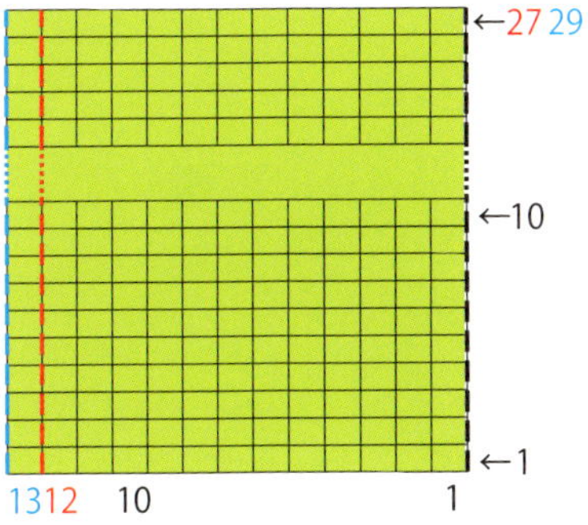
27 29
10
1
13 12
10
1

小指

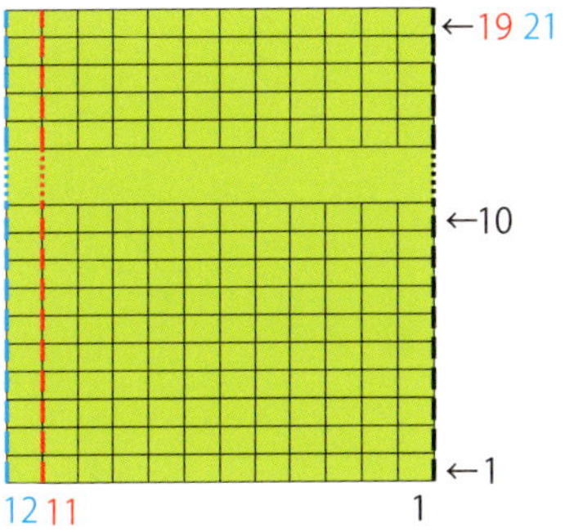
19 21
10
1
12 11
1

※指の編み終わりは、
最終段に糸を通して絞る

□＝｜表目
＝M れんが L こげ茶
＝M からし L グリーン
□＝M 生成り L 生成り

甲側　手のひら側

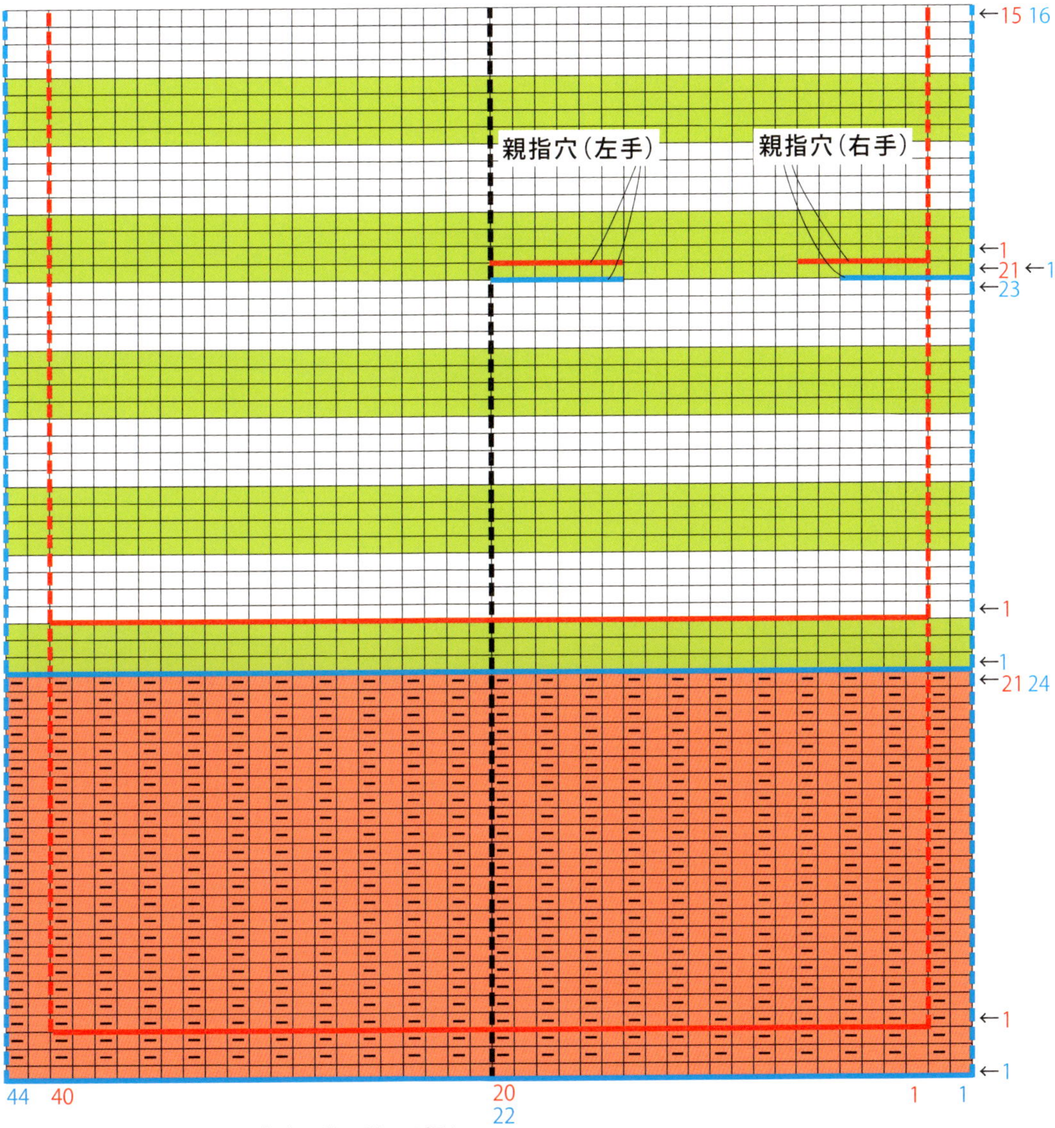
親指穴（左手）
親指穴（右手）
15 16
1
21
1
23
1
1
21 24
1
1
44
40
20
22
1
1

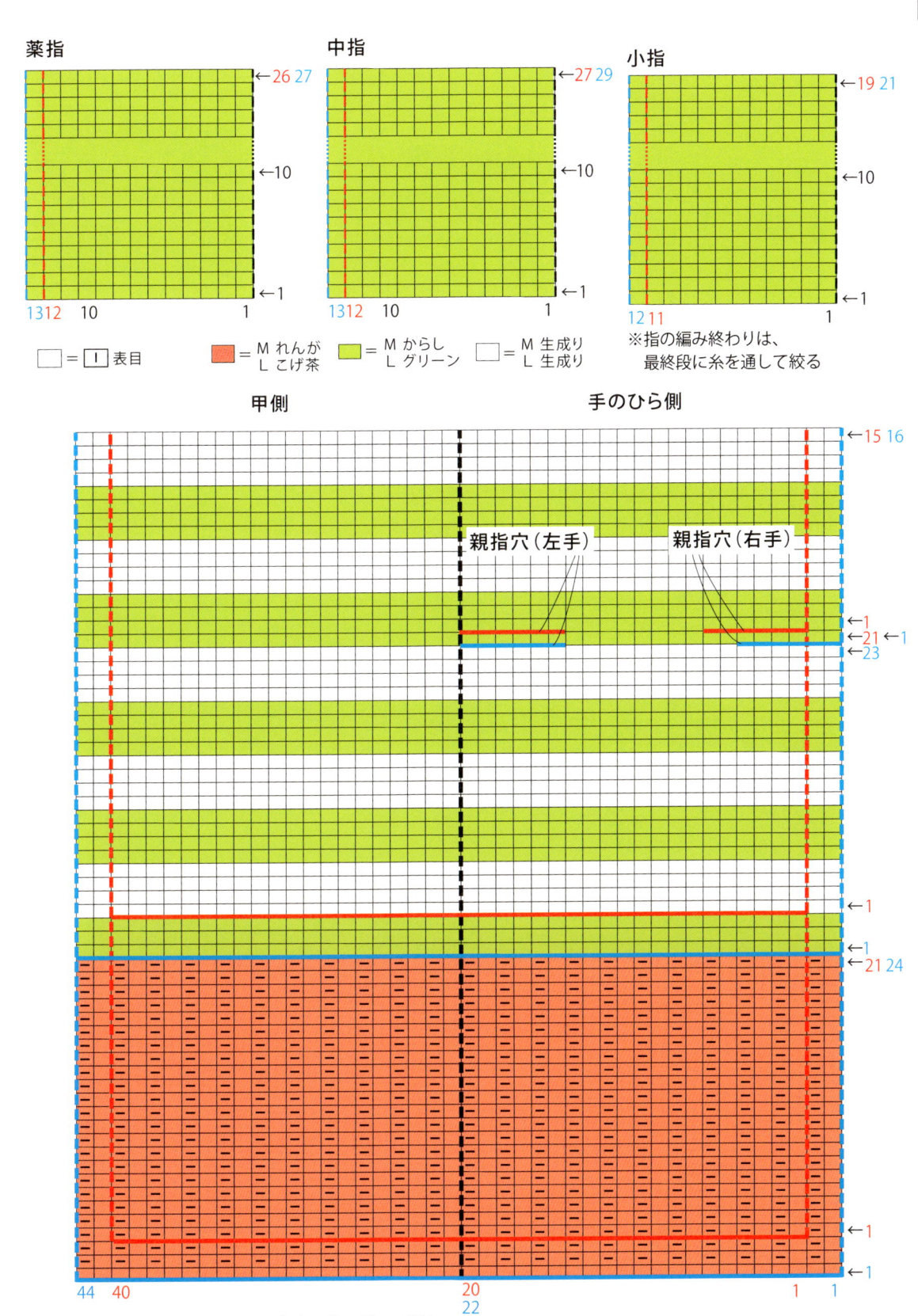

M・Lはそれぞれ、指定の枠に従って編む

# A-4

## なわ編みの手ぶくろ

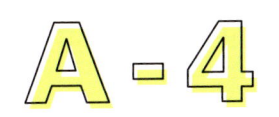

手の甲になわ編みを入れてアレンジ。それだけでトラッドな印象になります。手首はゴム編みを長く編んで折り返します。

糸：ハマナカ ソノモノ アルパカウール≪並太≫

color change

クールなグレーに比べ、温かみのあるベージュ。ベーシックカラーはいくつあっても重宝します。

Point

### なわ編み（交差編み）のコツ

※編み目記号と編み方（P91〜）も参照してください

なわ編みは左右が縮まるので、編み始めに4目増し、編み終わりに4目減らして調節します。増し目と減らし目はP92〜93参照。

手首は折り返すので、糸始末が見えないように裏ではなく、表側の目にくぐらせます。

### ●右上3目交差

①交差させる6目のうち3目をなわ編み針に移し、手前に置きます。

②残りの3目を表目で編みます。

③なわ編み針にかかっている3目を表目で編みます。

④右上3目の交差編みができました。

### ●左上3目交差

①交差させる6目のうち3目をなわ編み針に移し、編み地の向こうに置きます。

②残りの3目を表目で編みます。

③なわ編み針にかかっている3目を表目で編みます。

④左上3目の交差編みができました。

# A-4 なわ編みの手ぶくろ

Photo → P26

【使用糸】
M（グレー） ハマナカ ソノモノ アルパカウール《並太》
グレージュ(62)…65g、グレー(65)…15g
M（ベージュ） ハマナカ ソノモノ アルパカウール《並太》
ベージュ(570)…65g、生成り(61)…15g
【用　具】 6号4本針(短)または輪針
【ゲージ】(10cm四方) 21目32段
【できあがりサイズ】図参照

**Point**

指でかける作り目をして輪にし、2目ゴム編みで手首を配色して編み、図を参照して手の甲側で4目増し目をして、なわ編みとメリヤス編みで、手のひら～甲を編みます。途中、親指位置で別糸を編み入れます。手の甲の編み終わりでは、4目減目をします。親指以外の4本の指を指定の目数に分け、順に編んでいきます。親指の別糸の目を拾い、編みます。

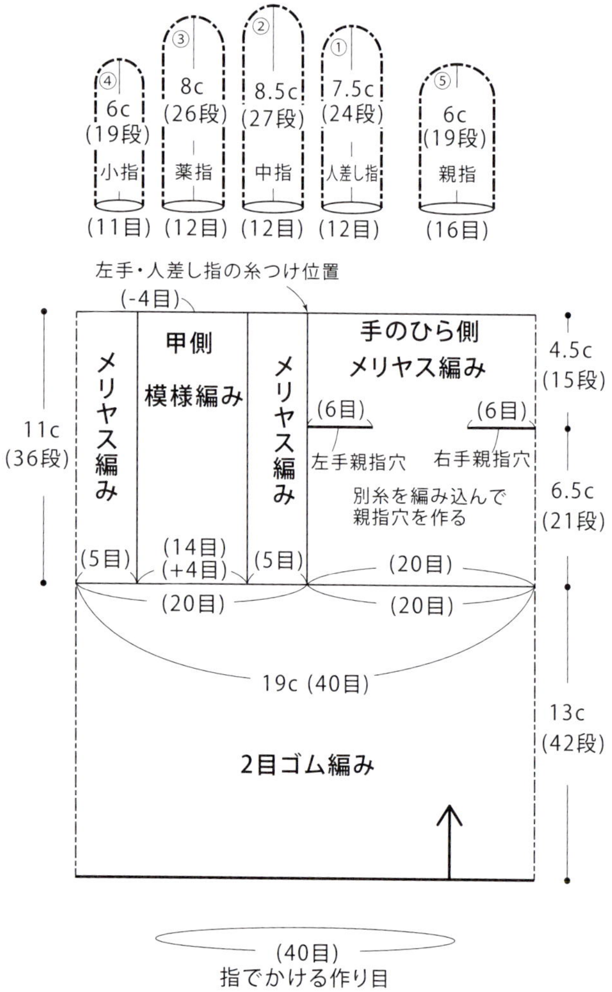

④ 6c (19段) 小指 (11目)
③ 8c (26段) 薬指 (12目)
② 8.5c (27段) 中指 (12目)
① 7.5c (24段) 人差し指 (12目)
⑤ 6c (19段) 親指 (16目)
左手・人差し指の糸つけ位置
(-4目)
メリヤス編み
甲側 模様編み
メリヤス編み
手のひら側 メリヤス編み
(6目) 左手親指穴
(6目) 右手親指穴
別糸を編み込んで親指穴を作る
11c (36段)
4.5c (15段)
6.5c (21段)
(5目)
(14目) (+4目)
(5目)
(20目)
(20目)
(20目)
19c (40目)
13c (42段)
2目ゴム編み
(40目)
指でかける作り目


## 右手の指の編み出し方
※左手は対称に編む

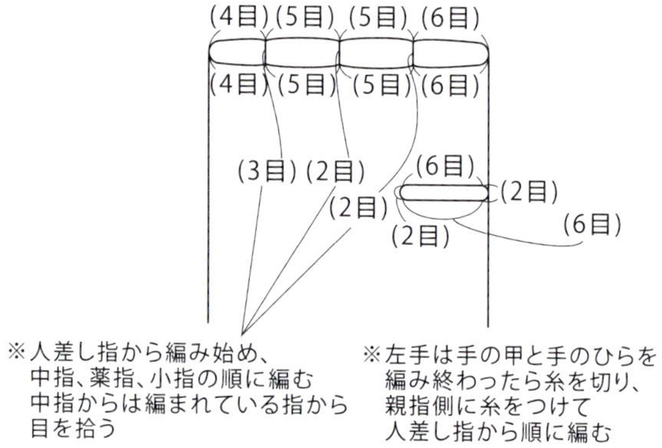

(4目) (5目) (5目) (6目)
(4目) (5目) (5目) (6目)
(3目) (2目)
(6目)
(2目)
(2目)
(2目)
(6目)
※人差し指から編み始め、中指、薬指、小指の順に編む
中指からは編まれている指から目を拾う
※左手は手の甲と手のひらを編み終わったら糸を切り、親指側に糸をつけて人差し指から順に編む


## 親指

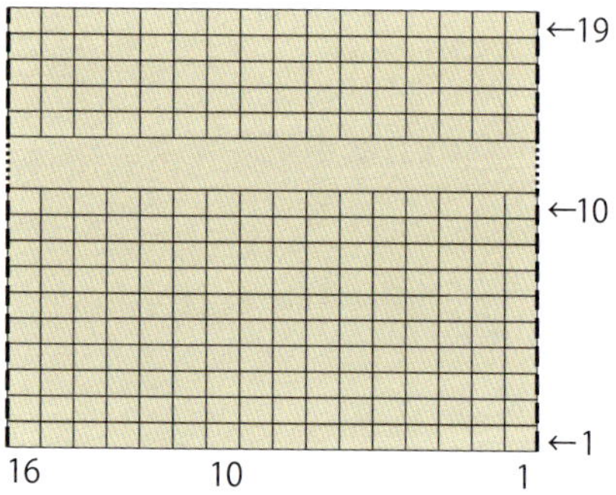

←19
←10
←1
16
10
1


## 小指

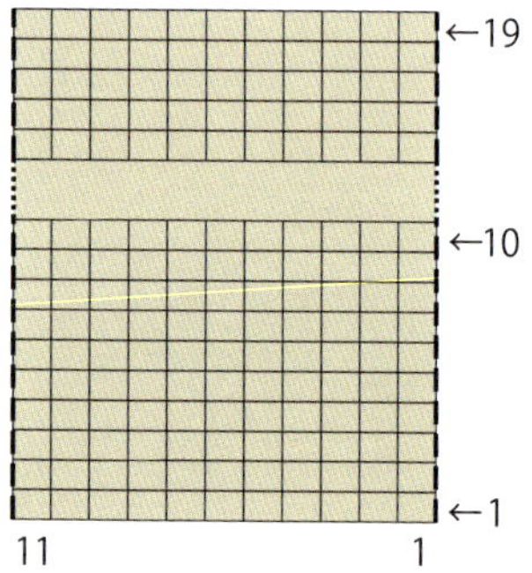

←19
←10
←1
11
1


※指の編み終わりは、最終段に糸を通して絞る（5本指とも共通）

**薬指**

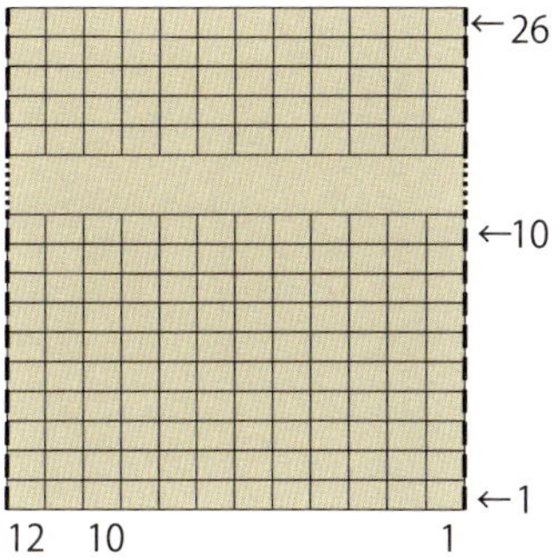
←26
←10
←1
12
10
1

**中指**

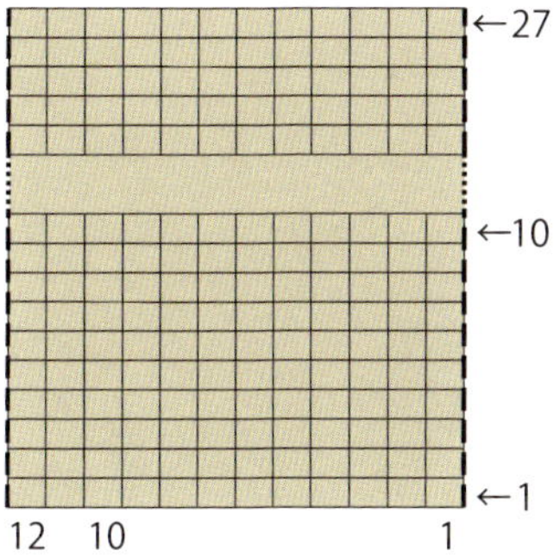
←27
←10
←1
12
10
1

**人差し指**

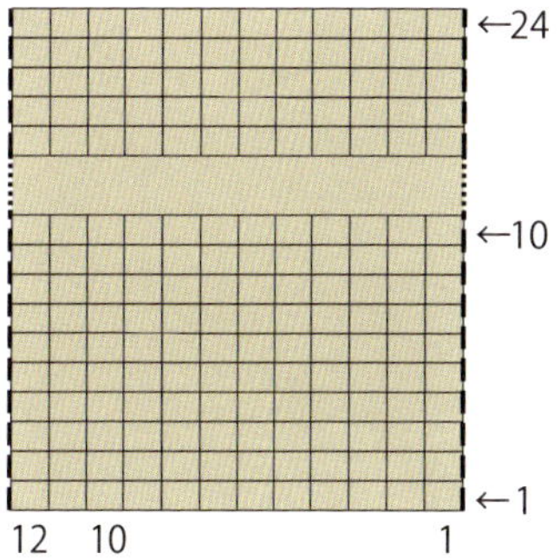
←24
←10
←1
12
10
1

※指の編み終わりは、最終段に糸を通して絞る(5 本指とも共通)

□ = [I] 表目

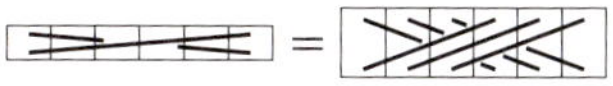

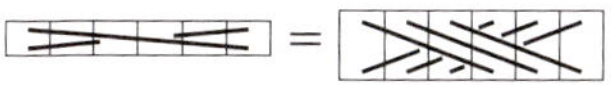

=グレージュ(ベージュ)

=グレー(生成り)

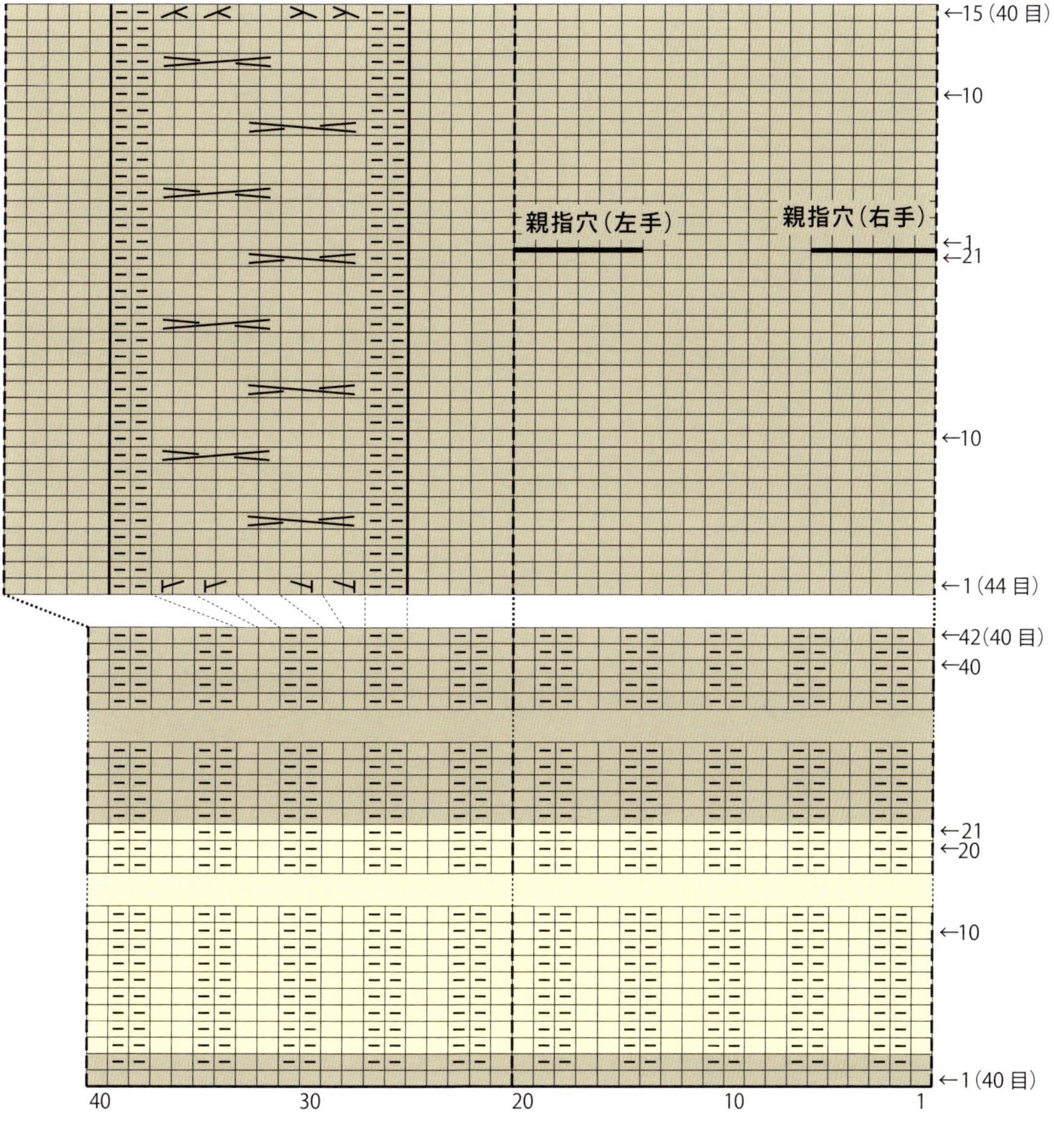
甲側
手のひら側
←15(40 目)
←10
親指穴(左手)
親指穴(右手)
←1
←21
←10
←1(44 目)
←42(40 目)
←40
←21
←20
←10
←1(40 目)
40
30
20
10
1

雪の結晶はノルディック柄の代表的なモチーフ。比較的シンプルな柄なので、編み込み初心者もぜひ挑戦してみてください。

糸：ハマナカ アメリー エフ≪合太≫

# A-5

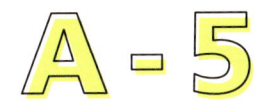

## 編み込みのノルディック風手ぶくろ

color
change

大人も子どもも、男性も女性も似合うのがノルディック柄。編み込みは編み地が厚くなるので、とても暖かです。

### Point 横に糸を渡す編み込み模様

①手首のゴム編みが終わったら編み込みスタート。２色目（配色糸）を15㎝ほど残してつけ、編み始めます。左手の人差し指に２本かけると編みやすい。

↑配色糸
←ベース糸

②編み図のとおりに糸を替えながら編んでいきます。ベース糸と配色糸の前後をなるべく変えないで編むときれいに仕上がります。

③５目以上糸が渡る場合は、裏で一度交差させます。

④裏から見たところ。規則的に糸が渡り、厚みが２倍になります。１色でのメリヤス編みに比べ、伸縮性がなくなるので、きつく編みすぎないように注意。

# A-5 編み込みのノルディック風手ぶくろ

Photo → P30

【使用糸】
M（赤）ハマナカ アメリーエフ《合太》
赤(509)…35g、白(501)…20g
M（ネイビー）アメリーエフ《合太》
ネイビー(514)…35g、白(501)…20g
【用　具】4号4本針(短) または輪針
【ゲージ】(10cm四方) 27目34段
【できあがりサイズ】図参照

**Point**

指でかける作り目をして輪にし、手首を配色をしながら2目ゴム編みで編み、図を参照して続けて編み込み模様で手のひら～甲を編みます。左右で雪柄の位置がずれるので注意し、途中、親指位置で別糸を編み入れます。親指以外の4本の指を指定の目数に分け、順に編んでいきます。親指の別糸の目を拾い、編みます。

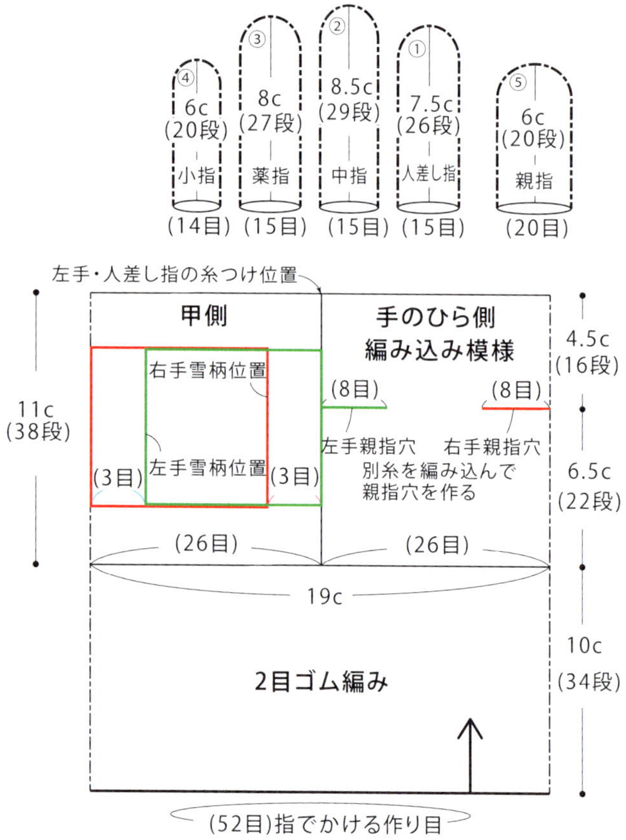

④ 6c (20段) 小指 (14目)
③ 8c (27段) 薬指 (15目)
② 8.5c (29段) 中指 (15目)
① 7.5c (26段) 人差し指 (15目)
⑤ 6c (20段) 親指 (20目)
左手・人差し指の糸つけ位置
甲側
手のひら側
編み込み模様
右手雪柄位置
左手雪柄位置
(3目)
(3目)
(8目)
(8目)
左手親指穴
右手親指穴
別糸を編み込んで
親指穴を作る
11c (38段)
4.5c (16段)
6.5c (22段)
(26目)
(26目)
19c
2目ゴム編み
10c (34段)
(52目)指でかける作り目


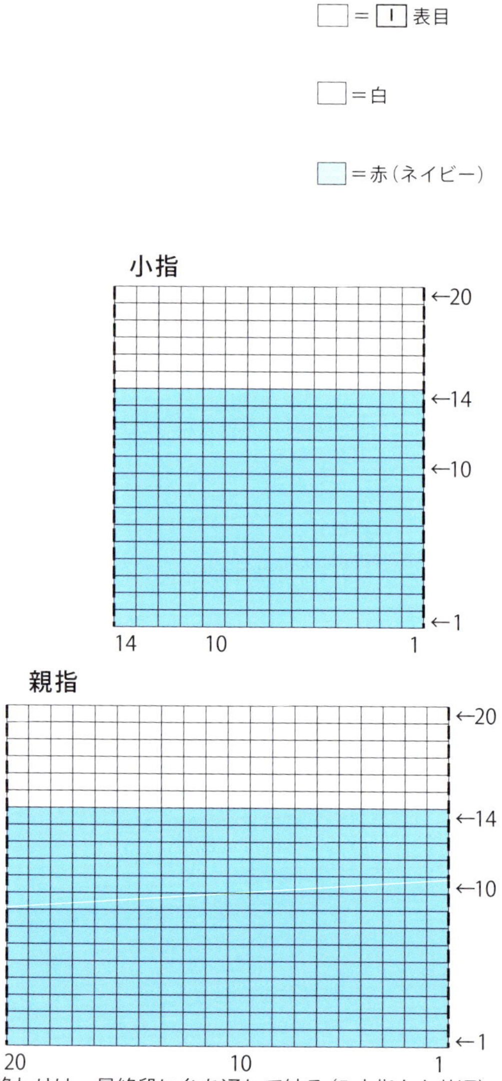

＝ I 表目
＝白
＝赤（ネイビー）
小指
←20
←14
←10
←1
14
10
1
親指
←20
←14
←10
←1
20
10
1


## 右手の指の編み出し方

※左手は対称に編む

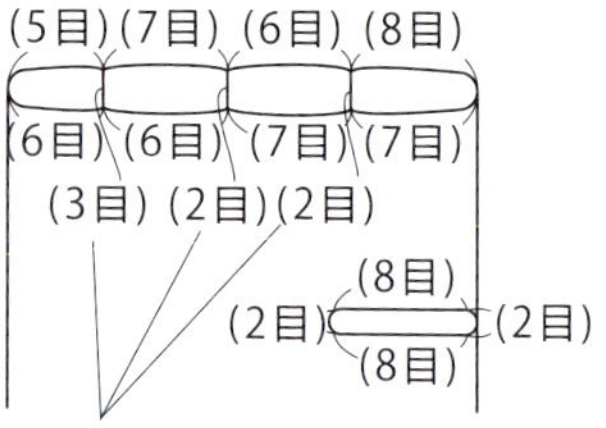

(5目) (7目) (6目) (8目)
(6目) (6目) (7目) (7目)
(3目) (2目) (2目)
(8目)
(2目)
(2目)
(8目)


※人差し指から編み始め、
中指、薬指、小指の順に編む
中指からは編まれている指から目を拾う

※左手は手の甲と手のひらを
編み終わったら糸を切り、
親指側に糸をつけて
人差し指から順に編む

※指の編み終わりは、最終段に糸を通して絞る（5本指とも共通）

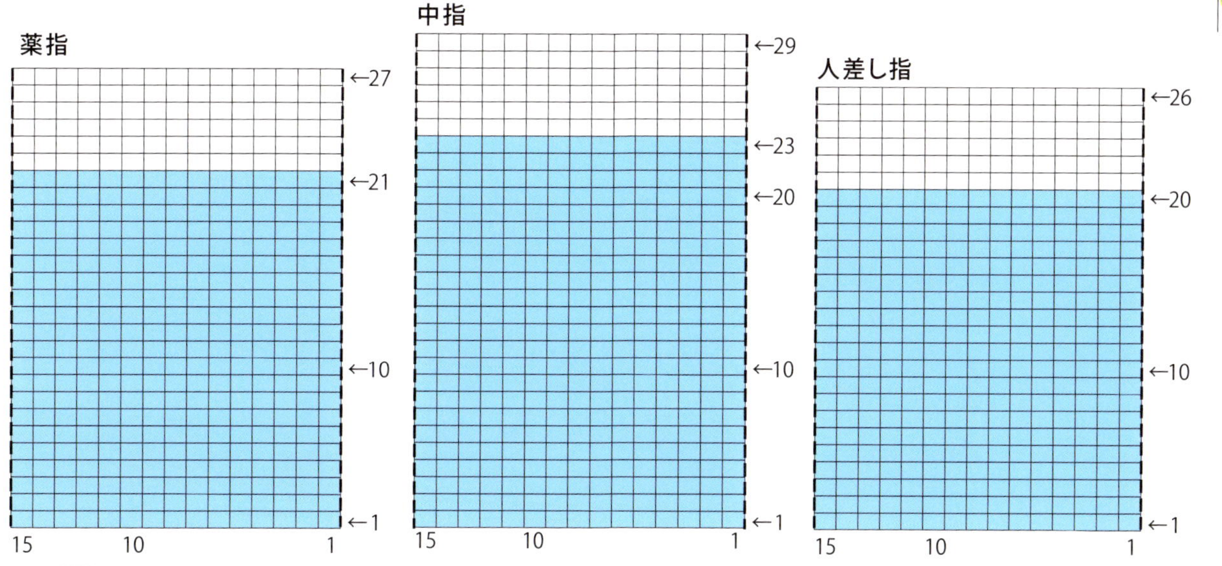
薬指
←27
←21
←10
←1
15
10
1
中指
←29
←23
←20
←10
←1
15
10
1
人差し指
←26
←20
←10
←1
15
10
1

□＝|I|表目

□＝白　□＝赤（ネイビー）

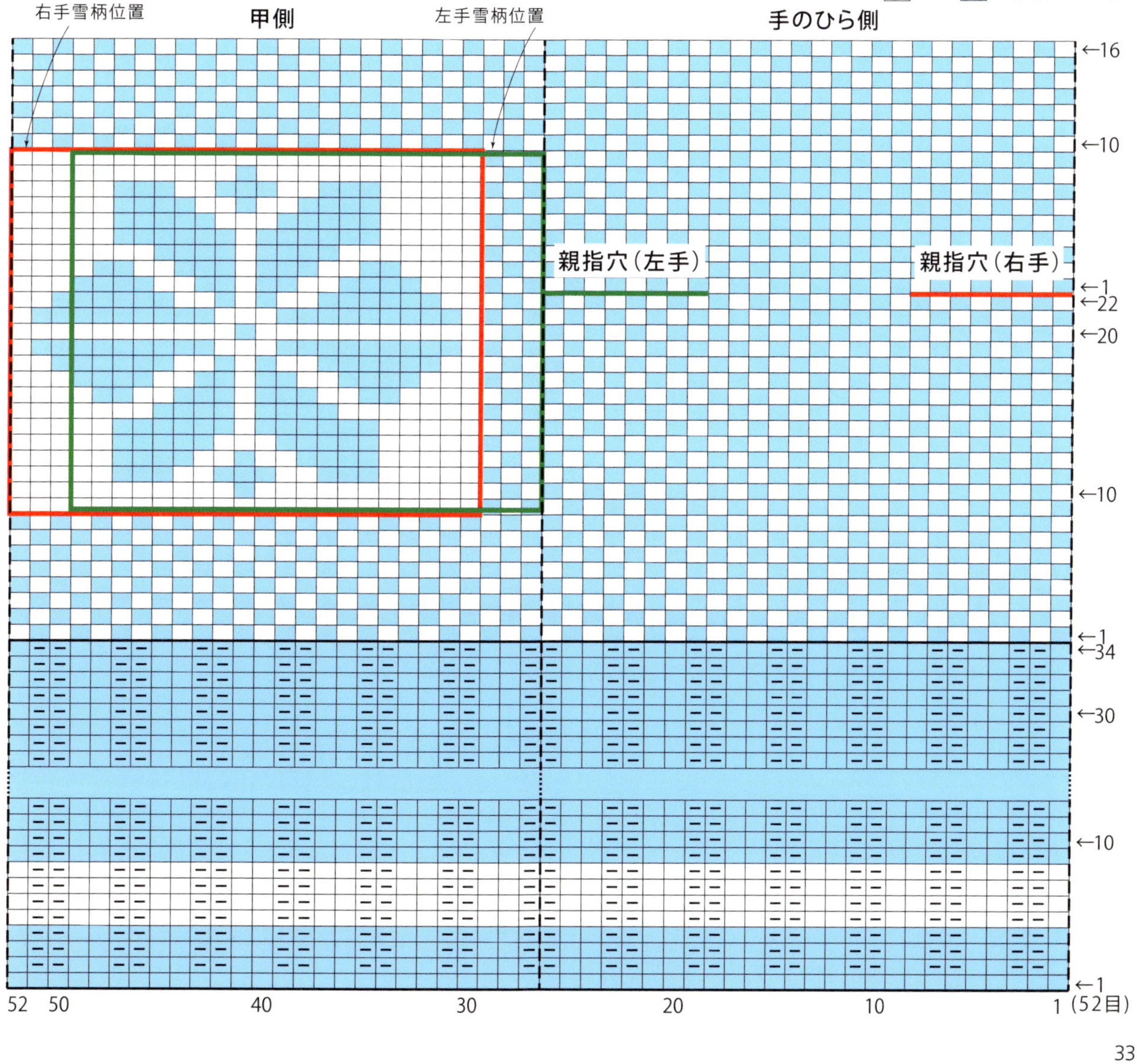
右手雪柄位置
甲側
左手雪柄位置
手のひら側
親指穴（左手）
親指穴（右手）
←16
←10
←1
←22
←20
←10
←1
←34
←30
←10
←1
52
50
40
30
20
10
1（52目）

# A-6

## 透かし模様の手ぶくろ

レースのような透かし模様は、編んでいてとても楽しいもの。
はじめての人は、まずは模様の部分だけで練習してみるとよい
でしょう。パターンを覚えてしまえばあとはスムーズです。

糸：ハマナカ アメリー エフ≪合太≫

手のひら側　手の甲側

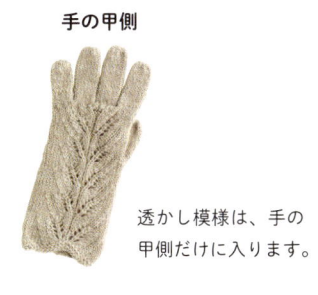

透かし模様は、手の甲側だけに入ります。

## Point 模様編み

※作品とは糸を替えています
※編み目記号と編み方（P91〜）も参照してください

手首はゴム編みではなく偶数段を裏目で編むガーター編み。ガーター編みが終わったら３目ごとに左増し目（P93）をして目数を増やします。

模様編みはかけ目（P94）と２目一度を組み合わせて編んでいきます。かけ目は次の段を編むと穴のようになり、模様ができていきます。

### ●右上2目一度

①１目めを手前から針を入れて右の針に移します（★）。

②次の目を表目に編みます（☆）。

③★に左の針を入れ、☆にかぶせて針からはずします。

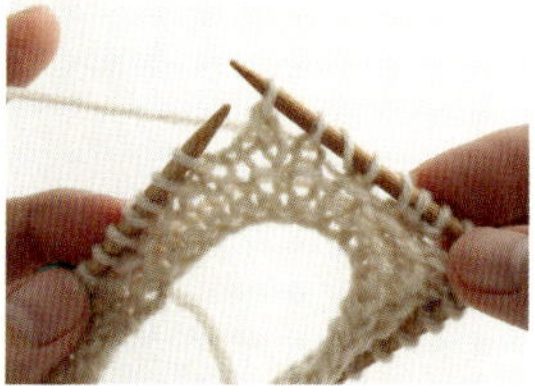

④右上２目一度が編めました。

### ●左上2目一度

①手前から２目一度に針を入れます。

②左上２目一度が編めました。

### ●手首のスカラップ

模様は10段で１リピート。編み進むと、自然に編み地の中心が持ち上がり、ドレッシーなスカラップを描きます。

# A-6 透かし模様の手ぶくろ

Photo → P34

【使用糸】
M ハマナカ アメリーエフ≪合太≫
ベージュ(529)…40g
【用　具】4号4本針（短）又は輪針
【ゲージ】(10cm四方) 27目34段
【できあがりサイズ】図参照

**Point**
指でかける作り目をして輪にし、ガーター編みで手首を編み、図を参照して6段めで増し目をし、透かし模様とメリヤス編みで、手のひら～甲を編みます。途中、親指位置で別糸を編み入れます。親指以外の4本の指を指定の目数に分け、順に編んでいきます。親指の別糸の目を拾い、編みます。

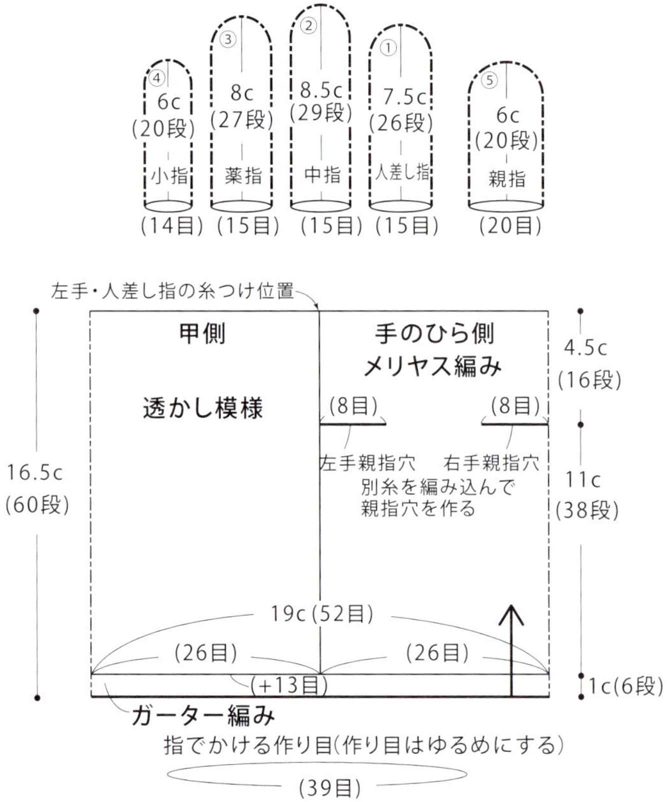

④ 6c (20段) 小指 (14目)
③ 8c (27段) 薬指 (15目)
② 8.5c (29段) 中指 (15目)
① 7.5c (26段) 人差し指 (15目)
⑤ 6c (20段) 親指 (20目)
左手・人差し指の糸つけ位置
甲側
透かし模様
手のひら側
メリヤス編み
(8目)
(8目)
左手親指穴
右手親指穴
別糸を編み込んで
親指穴を作る
4.5c (16段)
11c (38段)
16.5c (60段)
19c (52目)
(26目)
(26目)
(+13目)
1c (6段)
ガーター編み
指でかける作り目(作り目はゆるめにする)
(39目)


□＝□ 表目

※指の編み終わりは、最終段に糸を通して絞る
(5本指とも共通)

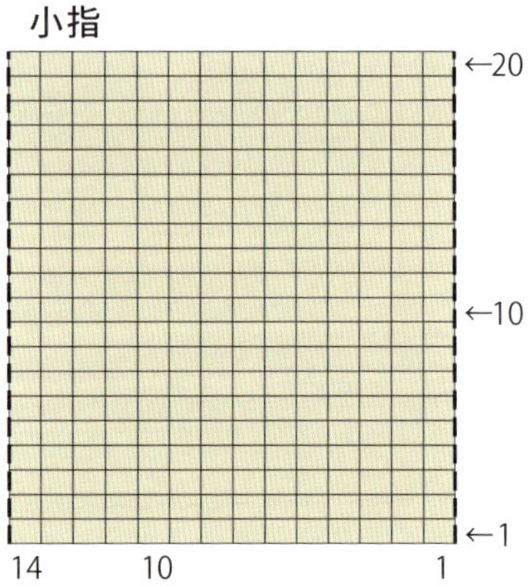

小指
←20
←10
←1
14
10
1


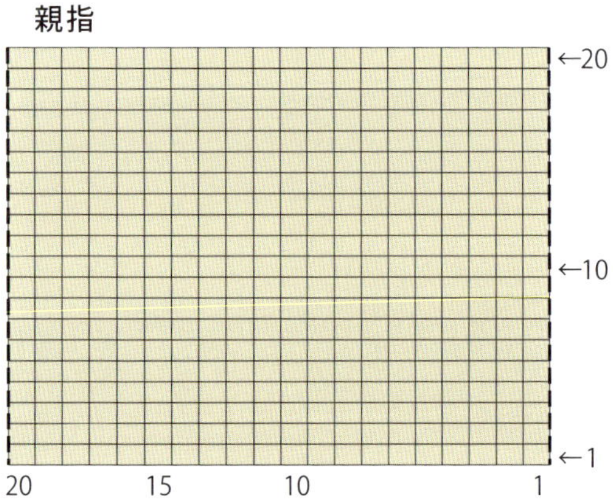

親指
←20
←10
←1
20
15
10
1


## 右手の指の編み出し方
※左手は対称に編む

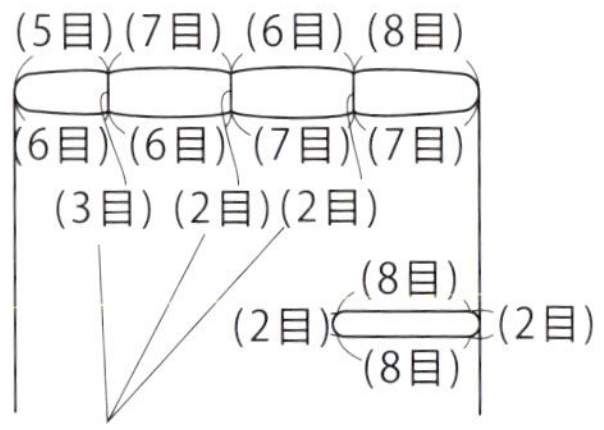

(5目) (7目) (6目) (8目)
(6目) (6目) (7目) (7目)
(3目) (2目) (2目)
(8目)
(2目)
(2目)
(8目)


※左手は手の甲と手のひらを編み終わったら糸を切り、親指側に糸をつけて人差し指から順に編む

※人差し指から編み始め、
中指、薬指、小指の順に編む
中指からは編まれている指から目を拾う

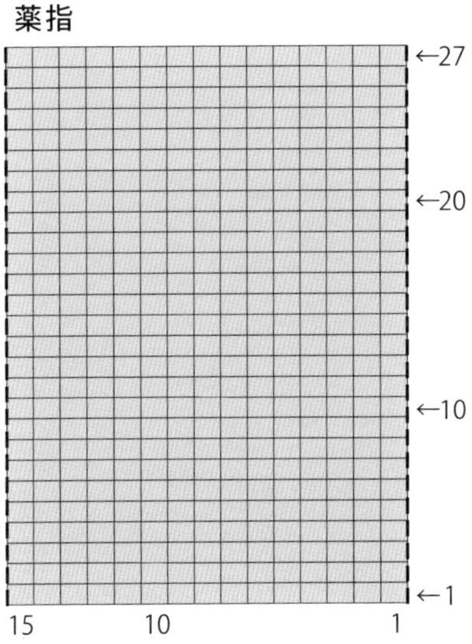

薬指
←27
←20
←10
←1
15
10
1


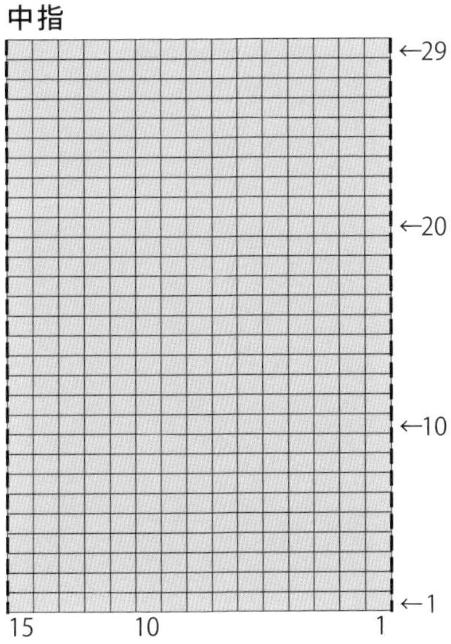

中指
←29
←20
←10
←1
15
10
1


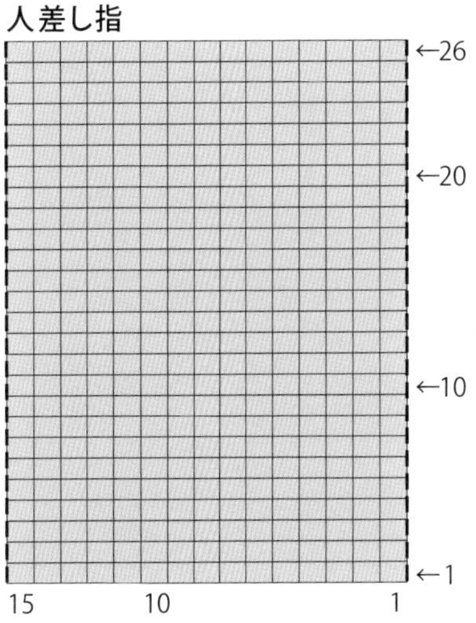

人差し指
←26
←20
←10
←1
15
10
1


□ = ｜ 表目

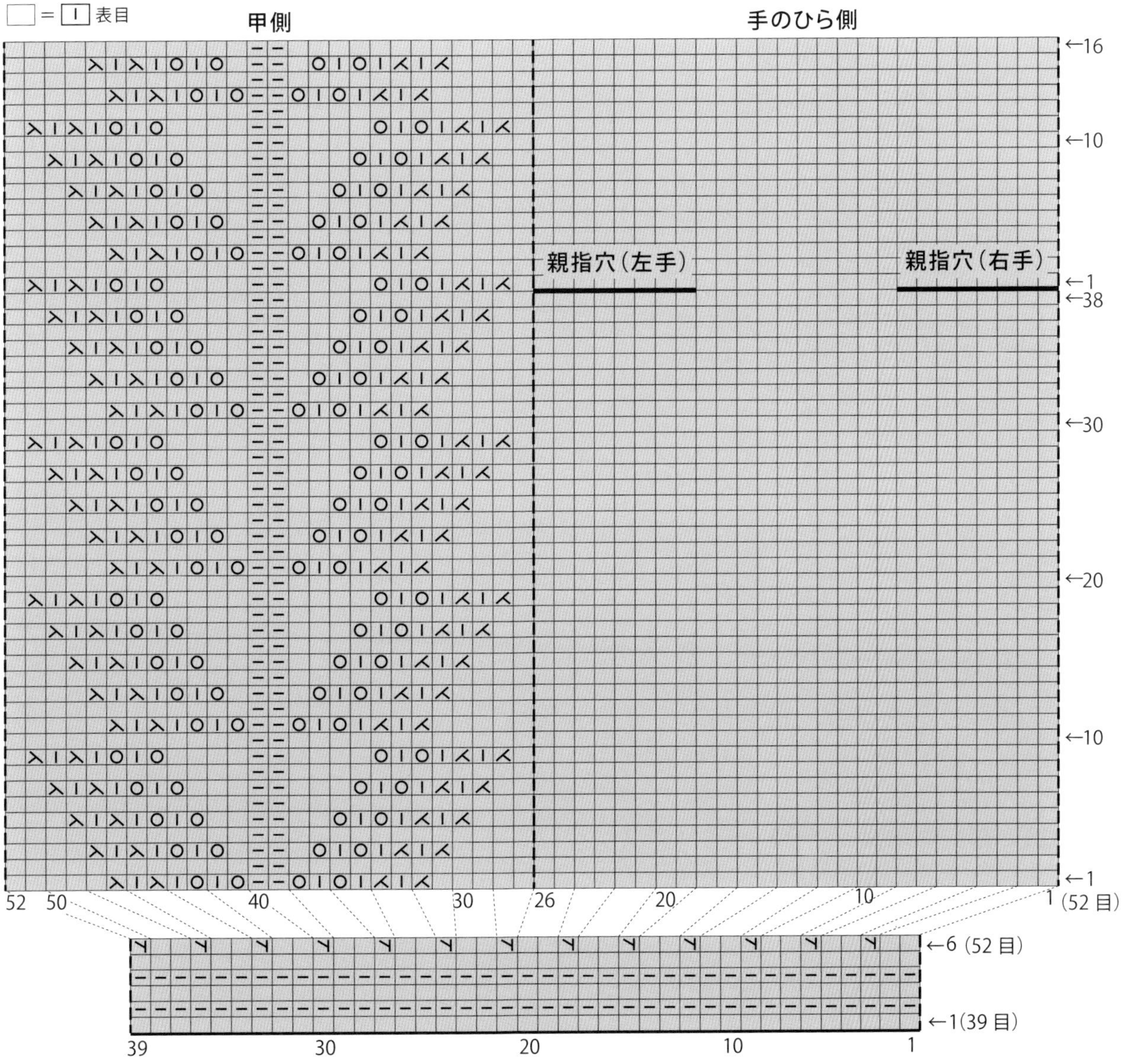

甲側
手のひら側
親指穴（左手）
親指穴（右手）
←16
←10
←1
←38
←30
←20
←10
←1
52
50
40
30
26
20
10
1 (52 目)
←6 (52 目)
←1(39 目)
39
30
20
10
1

# A-7

## 刺繍をプラスした手ぶくろ

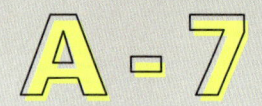

編み込み模様に、メリヤス刺繍やかぎ針で編んだ玉飾りをつけて立体的に
装飾してみましょう。物語のワンシーンのような絵柄ができあがります。

糸：ハマナカ コロポックル

## Point　メリヤス刺繍

①糸を60cmほどとじ針に通し、刺したい目の下に、裏から針を入れます。

②１段上の目を２本すくいます。

③１段下の目に入れ、１段上の目から出します。

④①〜③を繰り返します。

⑤編み図のとおりに、メリヤス編みの目をなぞるように刺していきます。

⑥離れた場所に刺す時は、裏から編み地にくぐらせて移動します。大きく離れている場合は一度糸を切りましょう。

⑦木の枝の部分を刺します。刺し始めと刺し終わりは玉留めをせず、編み地に糸をくぐらせて始末します。

## Point　玉飾り

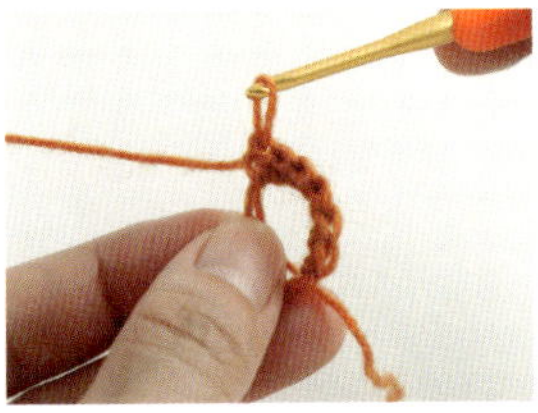

①糸を二重の輪にし、くさり編み１目、こま編み６目を輪に編み入れます。

②編み始めの糸を引いて輪を絞ります。

③糸をとじ針に通し、こま編みの頭（向こう側1本）をすくっていきます。

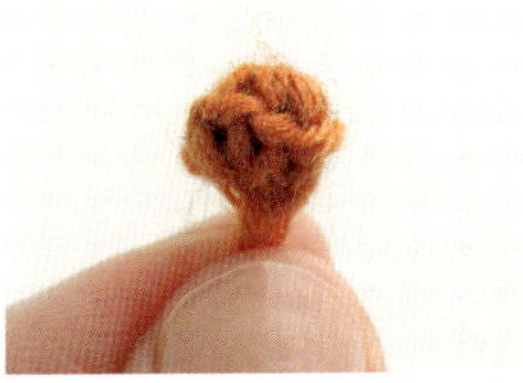

④糸を引いて絞ります。

⑤出ている２本の糸を、刺したい目をはさむように中へ通します。

⑥裏で固結びにします。

⑦糸を切ります。これでひとつできました。

# A-7 刺繍をプラスした手ぶくろ

Photo → P38

【使用糸】
M（グリーン） ハマナカ　コロポックル
グレー(14)…15 g、黄緑(12)…20 g、
こげ茶（23）…15 g、白（1）…10 g
M（オレンジ） ハマナカ　コロポックル
こげ茶(23)…15g、オレンジ(6)…20 g、
グレー（14）…15 g、白（1）…10 g
【用　具】
4号4本針(短) 又は輪針、かぎ針4/0号
【ゲージ】(10cm四方) 27目34段
【できあがりサイズ】図参照

**Point**
指でかける作り目をして輪にし、配色をしながら、1目ゴム編みで手首を編み、図を参照して編み込み模様（P31参照）とメリヤス編みで、手のひら～甲を編みます。途中、親指位置で別糸を編み入れます。親指以外の4本の指を指定色で指定の目数に分け、順に編んでいきます。親指の別糸の目を拾い、編みます。枝のメリヤス刺繍をして、玉飾りを各色8個ずつ編み、指定位置に縫いつけます。

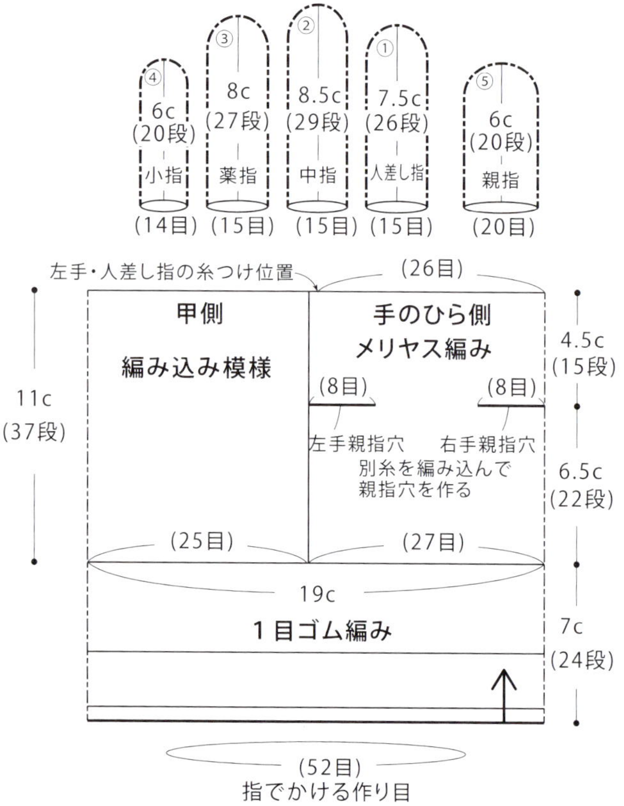

④ 6c (20段) 小指 (14目)
③ 8c (27段) 薬指 (15目)
② 8.5c (29段) 中指 (15目)
① 7.5c (26段) 人差し指 (15目)
⑤ 6c (20段) 親指 (20目)
左手・人差し指の糸つけ位置
(26目)
甲側
編み込み模様
手のひら側
メリヤス編み
(8目)
(8目)
左手親指穴
右手親指穴
別糸を編み込んで
親指穴を作る
11c (37段)
4.5c (15段)
6.5c (22段)
(25目)
(27目)
19c
1目ゴム編み
7c (24段)
(52目)
指でかける作り目


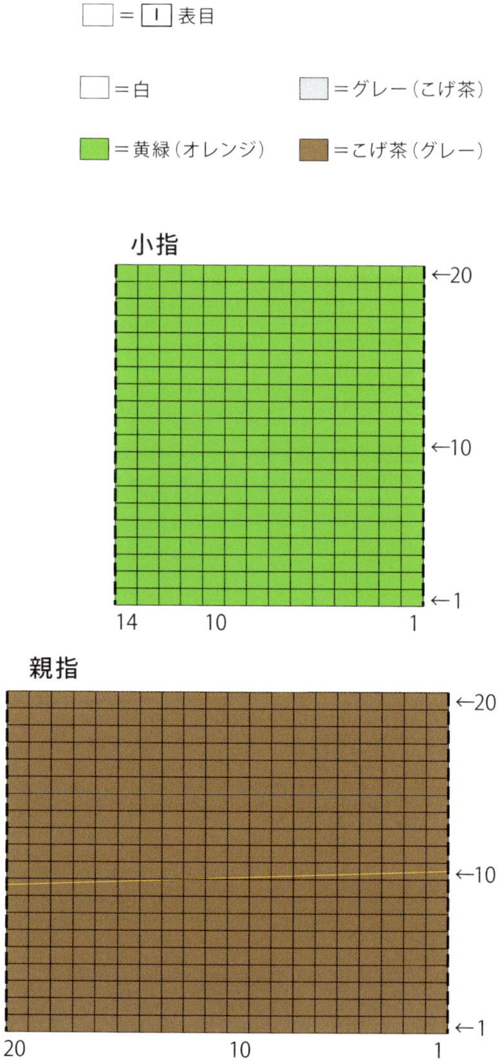

□ = 〔I〕 表目
□ = 白
□ = グレー（こげ茶）
■ = 黄緑（オレンジ）
■ = こげ茶（グレー）
小指
←20
←10
←1
14
10
1
親指
←20
←10
←1
20
10
1


## 右手の指の編み出し方

※左手は対称に編む

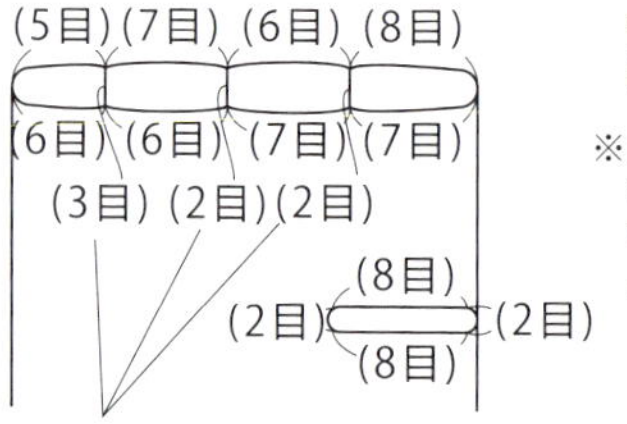

(5目)(7目)(6目)(8目)
(6目)(6目)(7目)(7目)
(3目)(2目)(2目)
(8目)
(2目)
(2目)
(8目)


※人差し指から編み始め、
中指、薬指、小指の順に編む
中指からは編まれている指から
目を拾う

※左手は手の甲と手のひらを
編み終わったら糸を切り、
親指側に糸をつけて
人差し指から順に編む

□ = [I] 表目

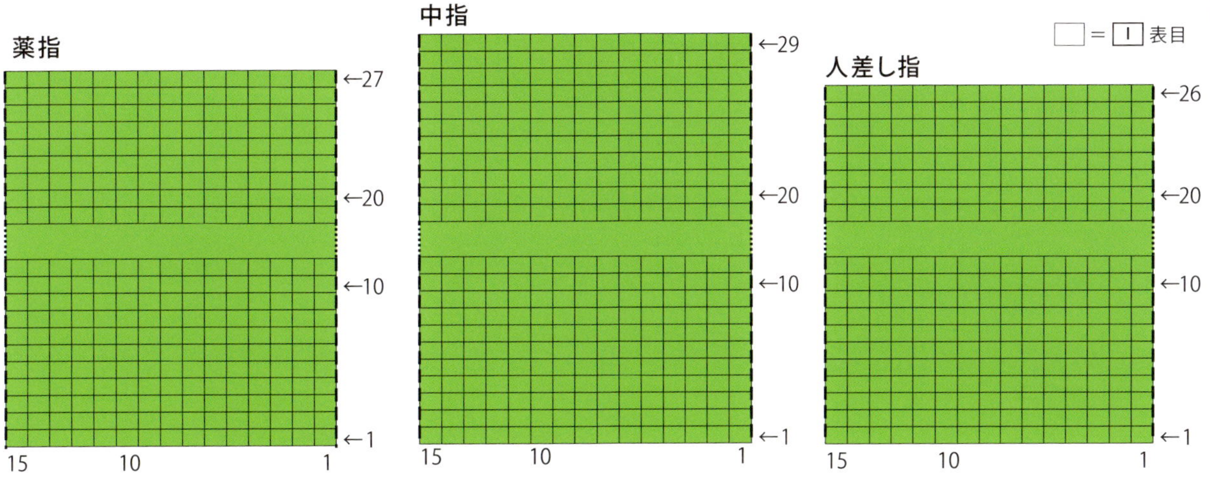
薬指
←27
←20
←10
←1
15
10
1
中指
←29
←20
←10
←1
15
10
1
人差し指
←26
←20
←10
←1
15
10
1

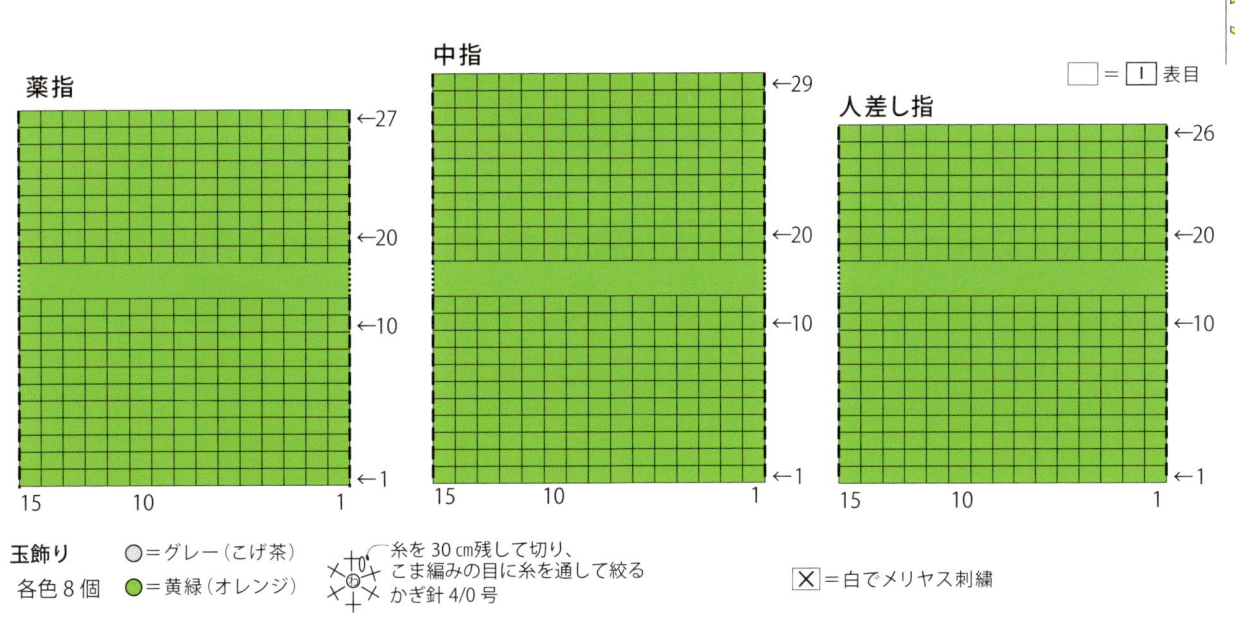

玉飾り
各色 8 個
○＝グレー（こげ茶）
●＝黄緑（オレンジ）

糸を 30 cm残して切り、
こま編みの目に糸を通して絞る
かぎ針 4/0 号

☒＝白でメリヤス刺繍

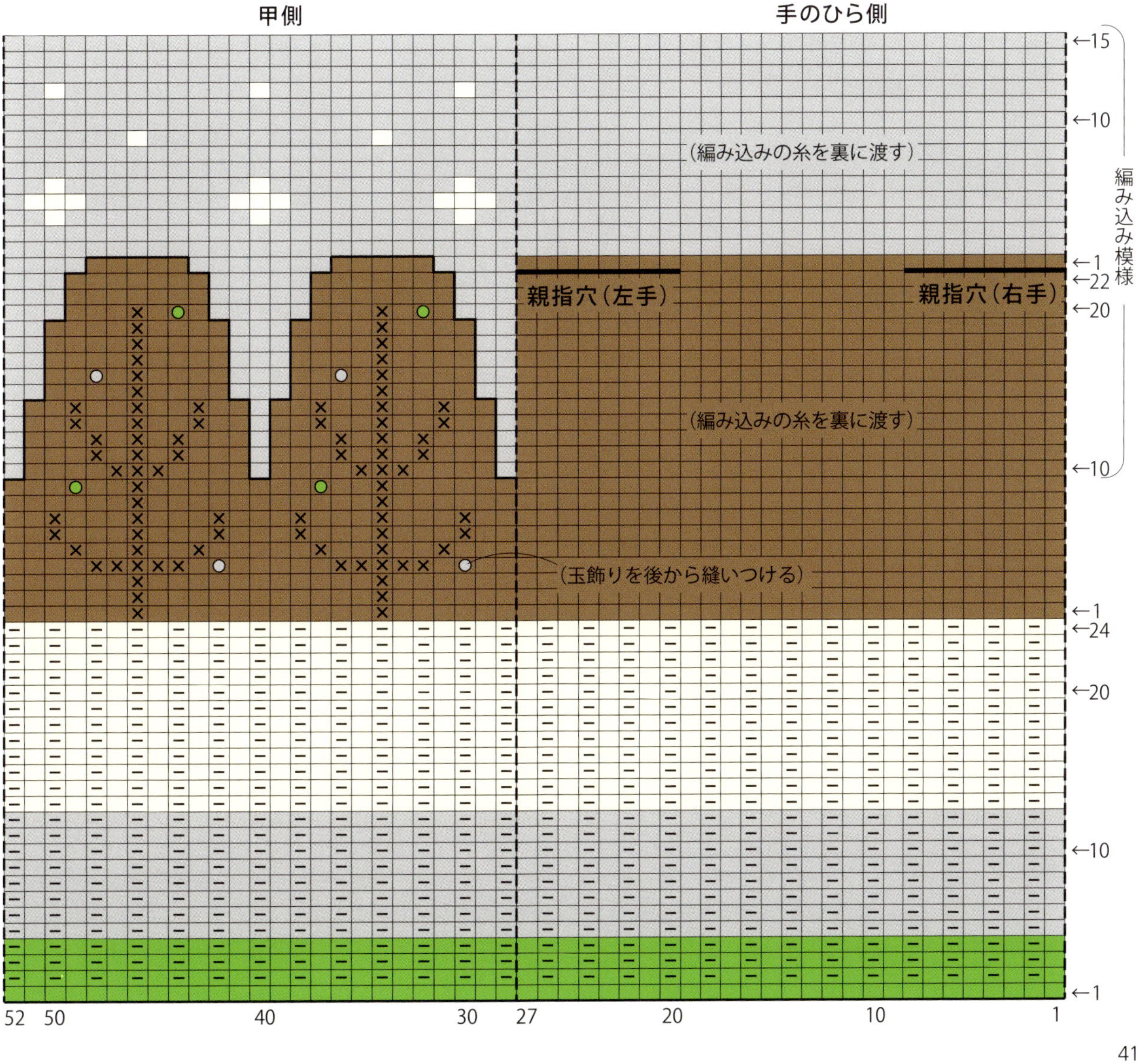
甲側
手のひら側
←15
←10
（編み込みの糸を裏に渡す）
編み込み模様
←1
←22
←20
親指穴（左手）
親指穴（右手）
（編み込みの糸を裏に渡す）
←10
（玉飾りを後から縫いつける）
←1
←24
←20
←10
←1
52
50
40
30
27
20
10
1

# A-8

## カウチン編みの手ぶくろ

カナダのカウチンセーターに見られる技法で、裏に渡る糸を編みくるんでいきます 。厚みが二重になり、渡り糸の色が表からうっすら見えるのも独特な雰囲気でおしゃれです。

糸：ハマナカ アメリー

### Point カウチン編み

①まずはピーチピンクのパートから。右の針を左の針の目に入れ、オレンジの糸を右の針にかけます。

②そのままピーチピンクの糸を引き出します。次の目はピーチピンクの糸を普通に表編みにします。

③1目ごとにオレンジの糸をかけて編む、普通に編む、かけて編むを繰り返していきます。

④オレンジのパートにきたら、ピーチピンクとオレンジを逆転させ、ピーチピンクをかけながらオレンジを編んでいきます。

⑤ピーチピンクパートとオレンジパートが編めたところ。

⑥編み図のとおりに編んでいきます。

⑦裏を見ると1目ずつ編みくるまれ、規則的できれいな模様に。厚みが増して暖かい。

# A-8 カウチン編みの手ぶくろ

Photo → P42

【使用糸】
M（オレンジ系） ハマナカ アメリー
こげ茶(9)…30g、ピンク（27）、
ベージュ（8）…各10g、
ピーチピンク（28）、オレンジ（55）…各15g
M（ブルー系） ハマナカ アメリー
ネイビー(53)…30g、水色（29）、
ベージュ（8）…各10g
うす水色（10）、ブルー（47）…各15g
【用　具】6号4本針（短）又は輪針
【ゲージ】（10cm四方）21目32段
【できあがりサイズ】図参照

**Point**

指でかける作り目をして輪にし、1目ゴム編みで手首を編み、図を参照してカウチン編みで配色をしながら、手のひら～甲を編みます。途中、親指位置で別糸を編み入れます。親指以外の4本の指を指定の目数に分け、順に編んでいきます。親指の別糸の目を拾い、編みます。

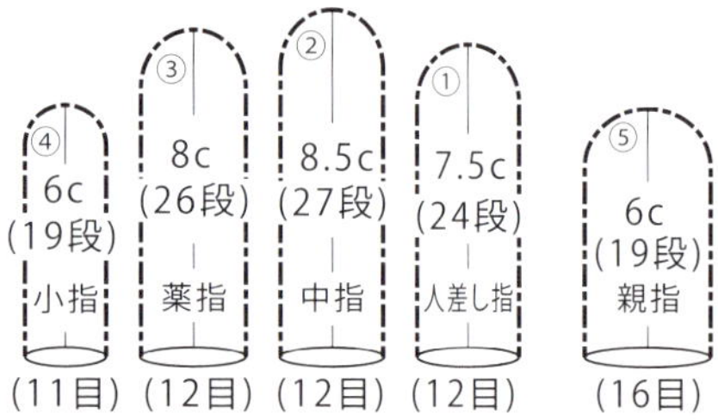

④ 6c (19段) 小指 (11目)
③ 8c (26段) 薬指 (12目)
② 8.5c (27段) 中指 (12目)
① 7.5c (24段) 人差し指 (12目)
⑤ 6c (19段) 親指 (16目)


## 右手の指の編み出し方

※左手は対称に編む

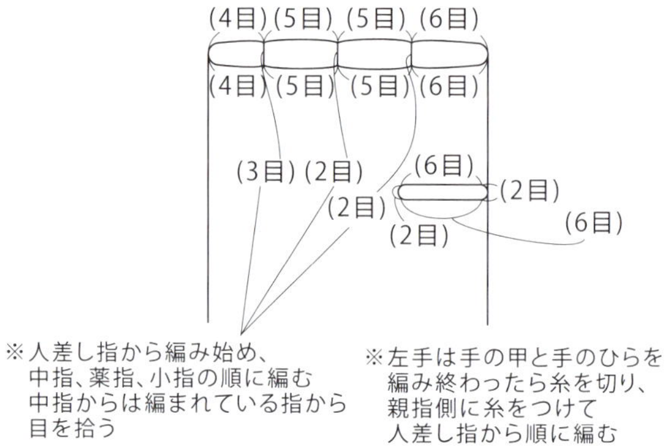

(4目) (5目) (5目) (6目)
(4目) (5目) (5目) (6目)
(3目) (2目)
(6目)
(2目)
(2目)
(2目)
(6目)
※人差し指から編み始め、
中指、薬指、小指の順に編む
中指からは編まれている指から
目を拾う
※左手は手の甲と手のひらを
編み終わったら糸を切り、
親指側に糸をつけて
人差し指から順に編む


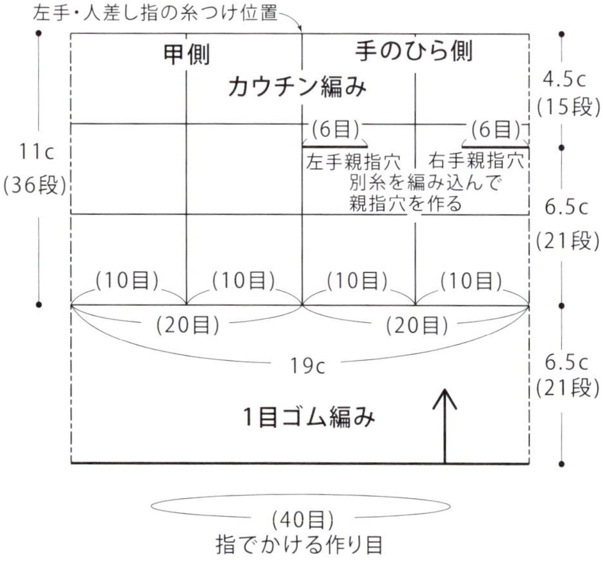

左手・人差し指の糸つけ位置
甲側
手のひら側
カウチン編み
(6目)
(6目)
左手親指穴
右手親指穴
別糸を編み込んで
親指穴を作る
4.5c
(15段)
11c
(36段)
6.5c
(21段)
(10目) (10目) (10目) (10目)
(20目) (20目)
19c
6.5c
(21段)
1目ゴム編み
(40目)
指でかける作り目


※配色は左右で対称にする（図参照）

### 親指

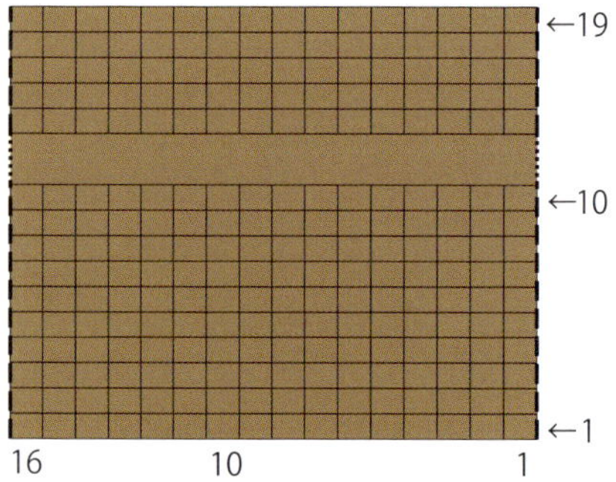

←19
←10
←1
16
10
1


### 小指

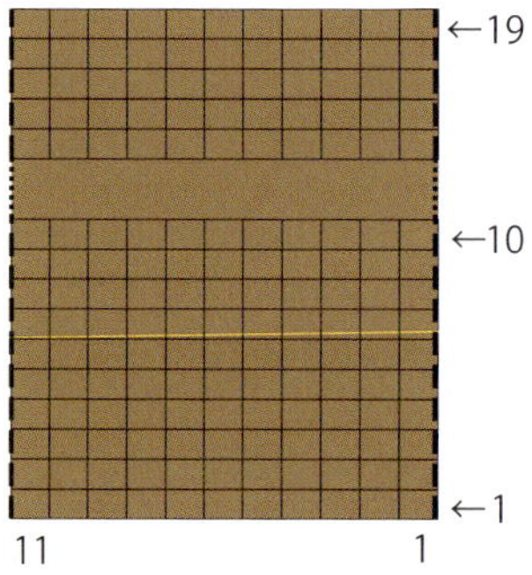

←19
←10
←1
11
1


※指の編み終わりは、最終段に糸を通して絞る（5本指とも共通）

## 右手

甲側　　手のひら側

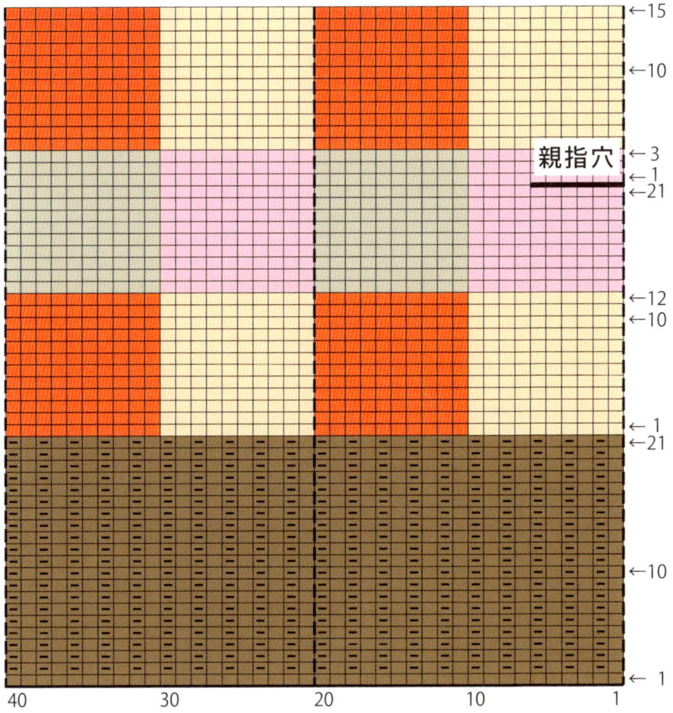
親指穴
←15
←10
←3
←1
←21
←12
←10
←1
←21
←10
←1
40
30
20
10
1

□ = [l] 表目

- ■ = オレンジ(ブルー)
- ■ = ピーチピンク(うす水色)
- ■ = ベージュ
- ■ = ピンク(水色)
- ■ = こげ茶(ネイビー)

### 人差し指

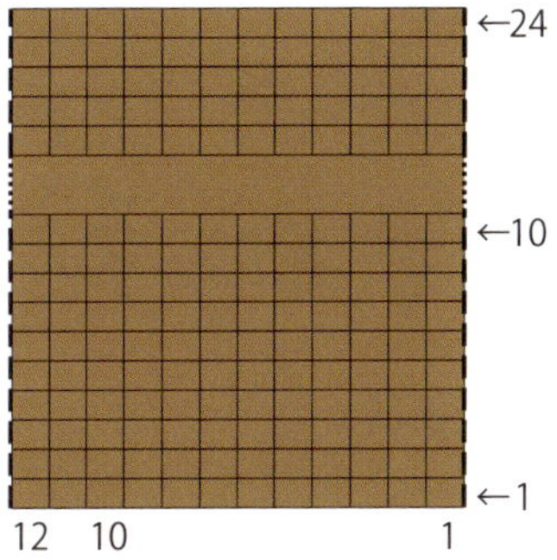
←24
←10
←1
12
10
1

## 左手

手のひら側　　甲側

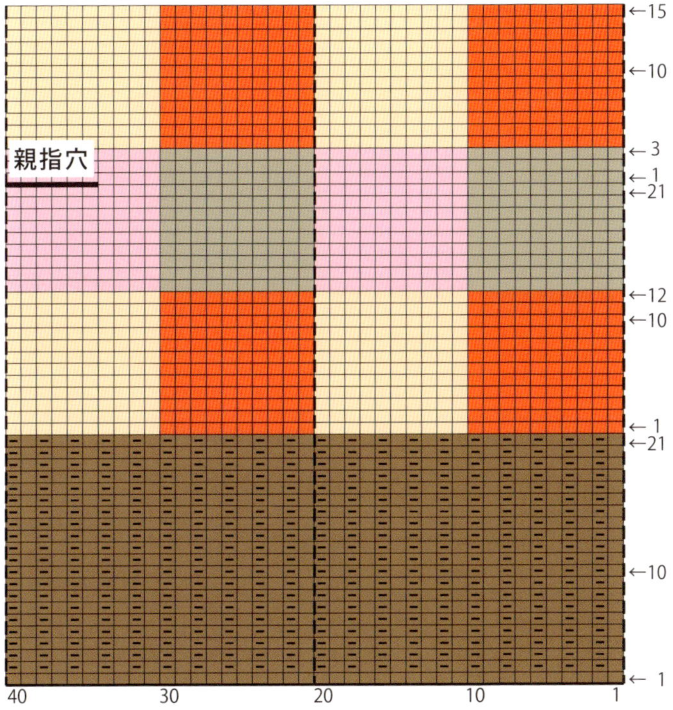
親指穴
←15
←10
←3
←1
←21
←12
←10
←1
←21
←10
←1
40
30
20
10
1

### 中指

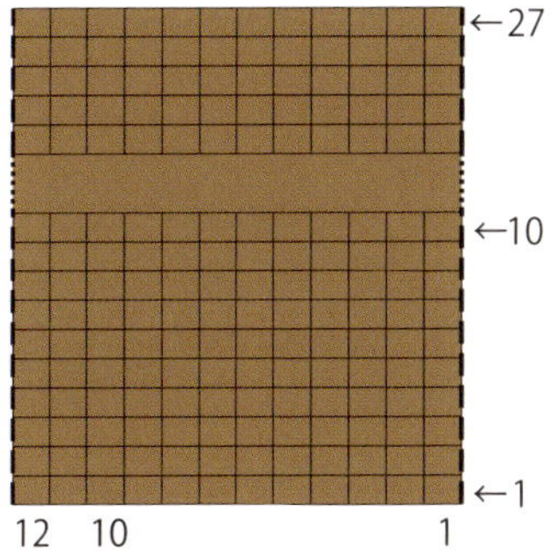
←27
←10
←1
12
10
1

### 薬指

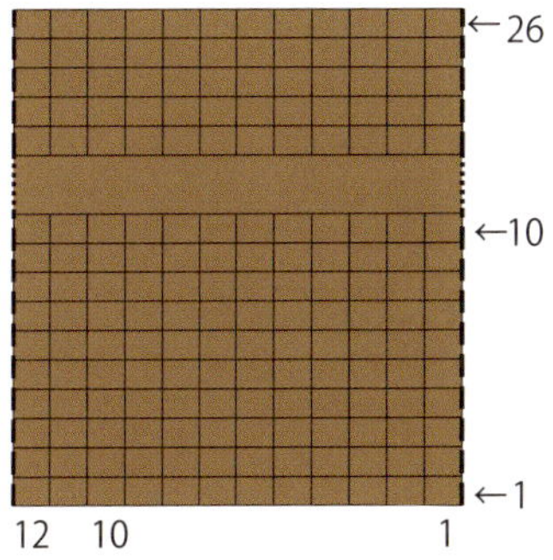
←26
←10
←1
12
10
1

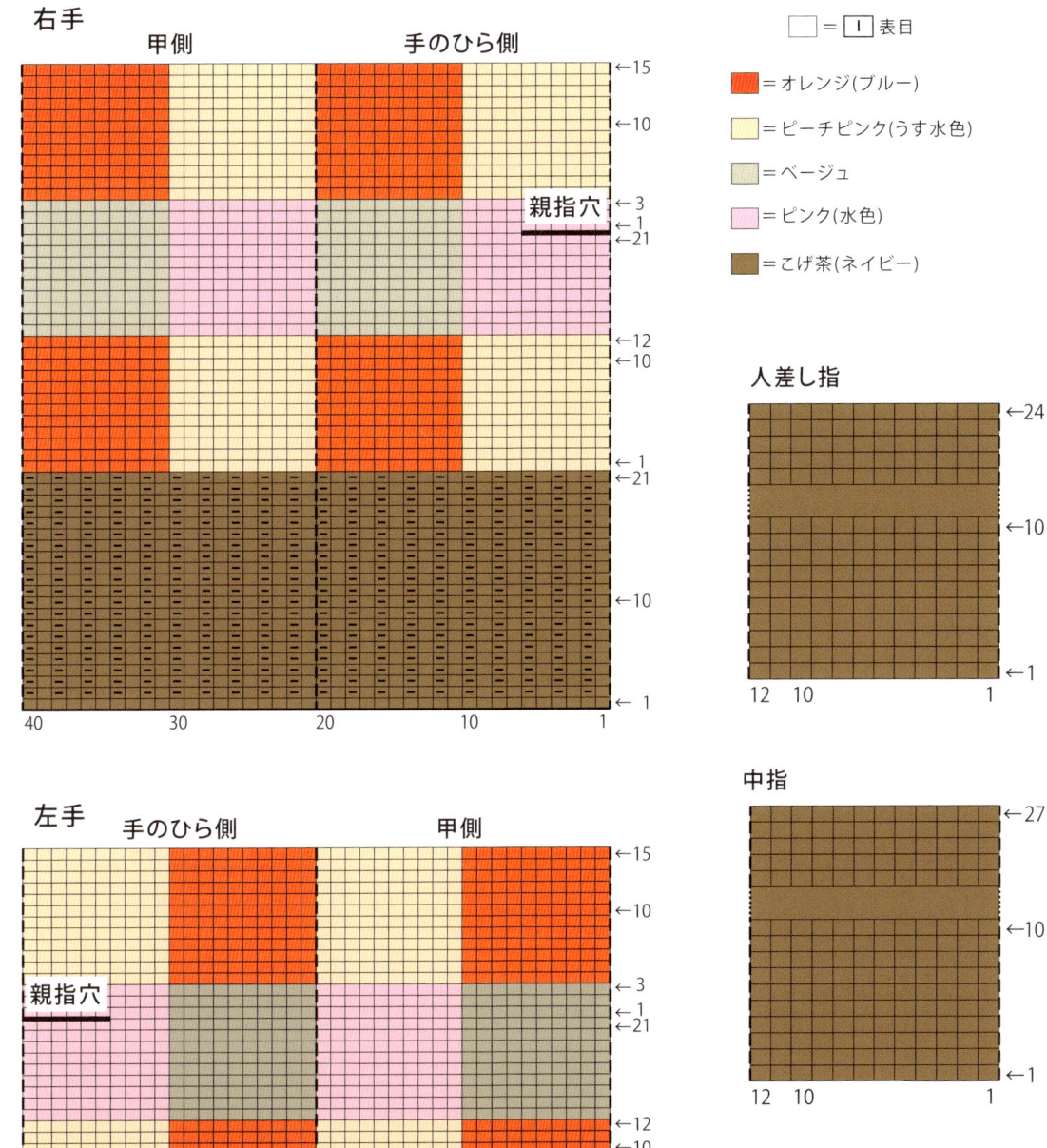

# A-9

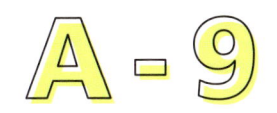

## 手首が二重になった手ぶくろ

ふわふわのモヘアを手首だけ重ねたデザイン。
手の甲には共糸でメリヤス刺繍をします。

糸：ハマナカ モヘア、ハマナカ ウービー≪グラデーション≫

### Point 手首の編み方

①2種類の糸で、それぞれの手首までを編みます。モヘアは25cm残して切り、グラデーション糸は切らずにおきます。

②内側になるモヘアの方を中にして重ねます。

③1目め、それぞれの針にかかっている目に手前から針を入れて2目同時にグラデーション糸で編みます。

④次の目からも同様に2目を一度に編みます。1周終わったらグラデーション糸で続きを編みます。

### ●かぎ針でふちを編みます

①かぎ針を表から入れ、糸を引き出して、くさり編みを1目編みます。

②次の目も、表から針を入れて糸を引き出します。

③糸を針にかけて一度に引き抜き、こま編みを編みます。これで2目できました。

④同様にして1周します。つれないよう、ゆるめに編んでいきます。

⑤最後の1目になったら最初の目に入れてつなぎ、1目引き抜き編みをします。

⑥始めと終わりの糸を裏に出し、固結びにして糸をくぐらせて始末します。

# A-9 手首が二重になった手ぶくろ

Photo → P46

【使用糸】
M ハマナカ モヘア　黄色(13)…15g、
ハマナカ ウービー《グラデーション》
紺系(8)…40ｇ
【用　具】6号5本針(短)または輪針2本、かぎ針6/0号
【ゲージ】(10cm四方)21目32段
【できあがりサイズ】図参照

**Point**

指でかける作り目をして輪にし、2目ゴム編みで手首の部分をモヘアとグラデーション糸でそれぞれ必要段数編みます。グラデーション糸を手前に2枚を重ね、続けてメリヤス編みで、手のひら～甲を編みます。途中、親指位置で別糸を編み入れます。親指以外の4本の指を指定の目数に分け、順に編んでいきます。親指の別糸の目を拾い、編みます。グラデーション糸の編み始め側にモヘアでふちを編みます。指定位置にメリヤス刺繍(P39)をします。

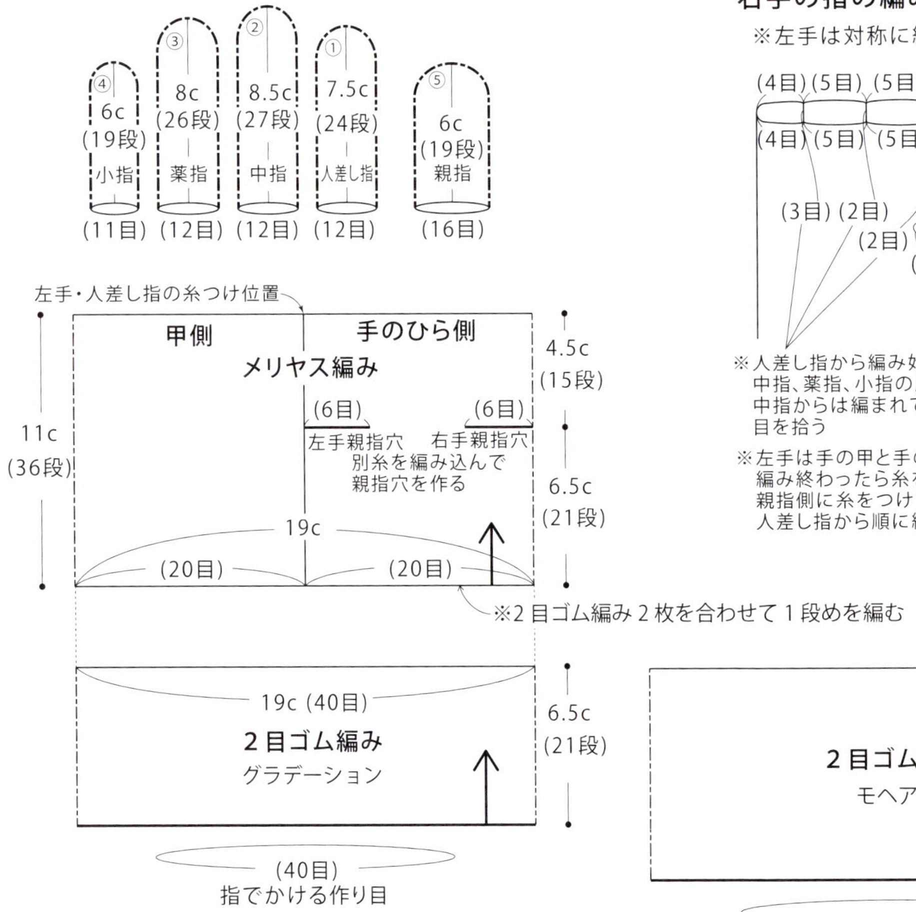

④ 6c (19段) 小指 (11目)
③ 8c (26段) 薬指 (12目)
② 8.5c (27段) 中指 (12目)
① 7.5c (24段) 人差し指 (12目)
⑤ 6c (19段) 親指 (16目)
左手・人差し指の糸つけ位置
甲側
手のひら側
メリヤス編み
(6目)
(6目)
左手親指穴
右手親指穴
別糸を編み込んで
親指穴を作る
11c
(36段)
4.5c
(15段)
6.5c
(21段)
19c
(20目)
(20目)
※2目ゴム編み2枚を合わせて1段めを編む
19c (40目)
2目ゴム編み
グラデーション
6.5c
(21段)
(40目)
指でかける作り目
2目ゴム編み
モヘア
9c
(29段)
(40目)
指でかける作り目


## 右手の指の編み出し方

※左手は対称に編む

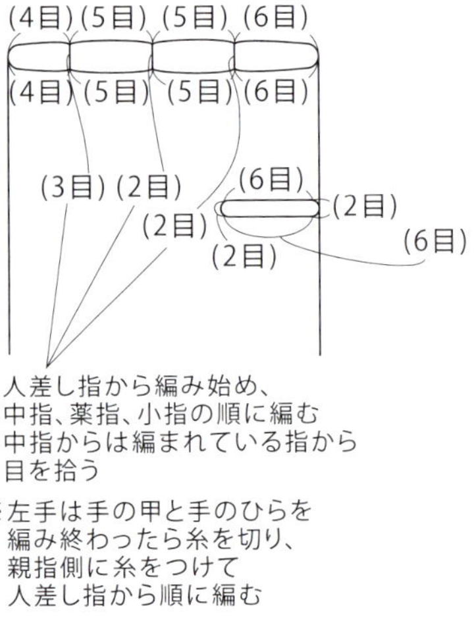

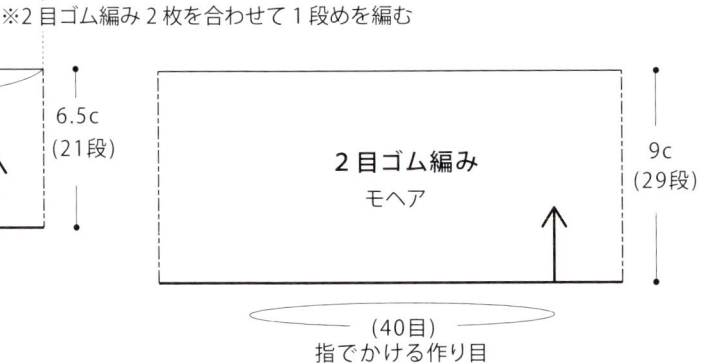

(4目)(5目)(5目)(6目)
(4目)(5目)(5目)(6目)
(3目)(2目)
(2目)
(6目)
(2目)
(2目)
(6目)
※人差し指から編み始め、
中指、薬指、小指の順に編む
中指からは編まれている指から
目を拾う
※左手は手の甲と手のひらを
編み終わったら糸を切り、
親指側に糸をつけて
人差し指から順に編む

小指

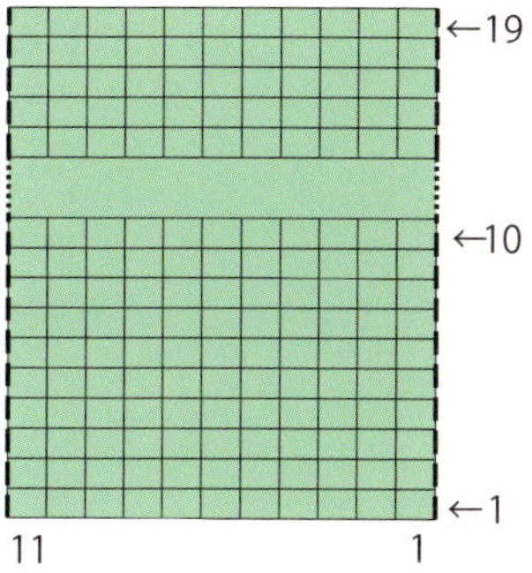
←19
←10
←1
11
1

親指

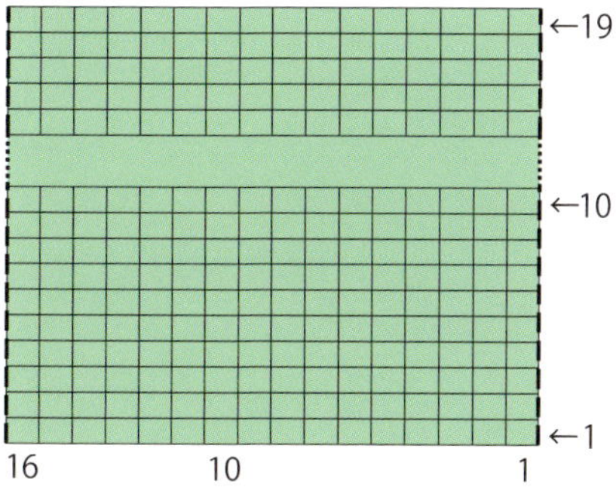
←19
←10
←1
16
10
1

□＝[I] 表目

■＝グラデーション

■＝モヘア

※人差し指・中指・薬指は
p.57 参照

※指の編み終わりは、最終段に糸を通して絞る（5 本指とも共通）

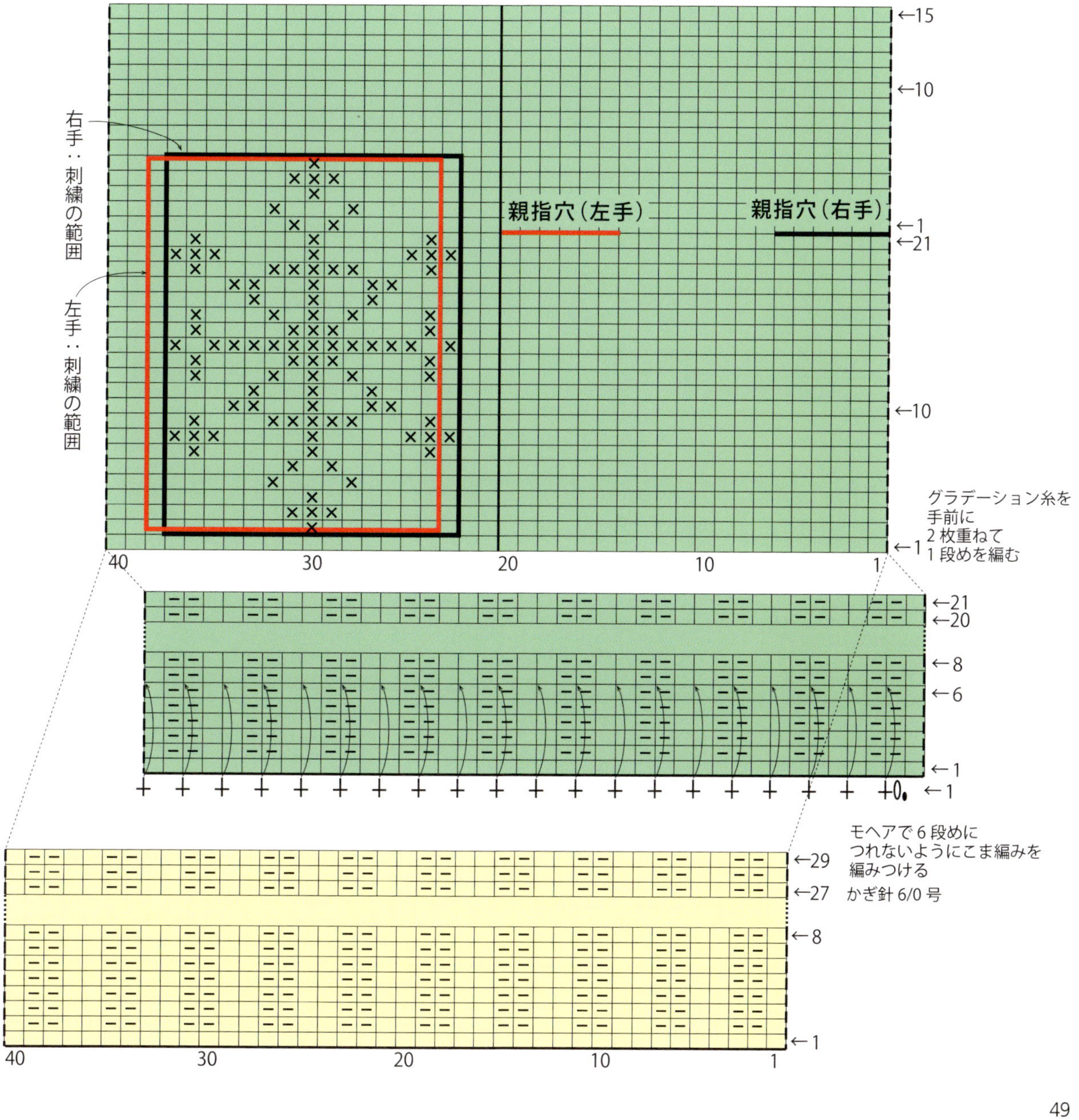
甲側
手のひら側
←15
←10
右手：刺繍の範囲
左手：刺繍の範囲
親指穴（左手）
親指穴（右手）
←1
←21
←10
グラデーション糸を
手前に
2 枚重ねて
1 段めを編む
←1
40
30
20
10
1
←21
←20
←8
←6
←1
←1
モヘアで 6 段めに
つれないようにこま編みを
編みつける
かぎ針 6/0 号
←29
←27
←8
←1
40
30
20
10
1

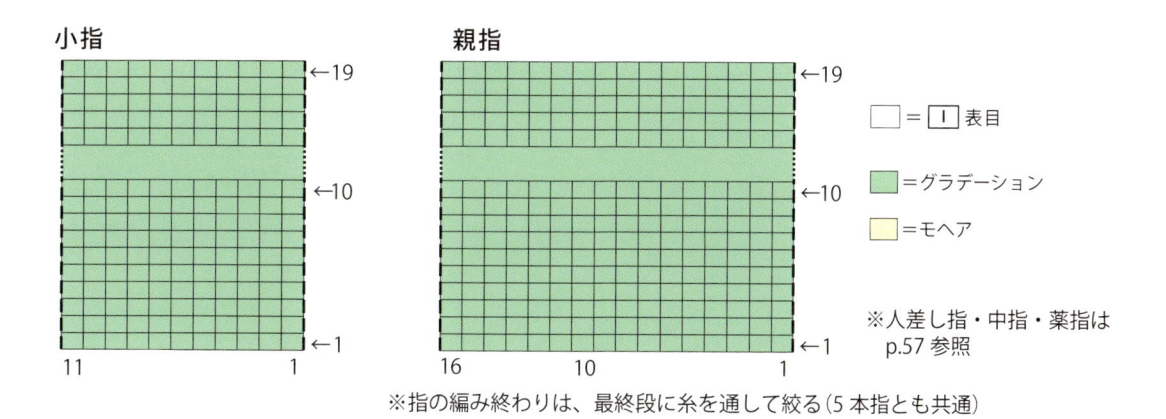

一般的なストレートヤーンと、編み地がもこもこのぬいぐるみのようになるループヤーン。
同じ編み図でも全く違う雰囲気になります。

# A-10

## ベルトつきの手ぶくろ

別にベルトループを編み、巻きかがりで縫いつけます。
手首はガーター編みで、クラシカルな雰囲気が、ウール
のコートなど冬の装いによく合います。

糸：ハマナカ アメリー、ハマナカ カミーナ ループ

HORSES & PONIES
Observer's CATS
GARDEN FLOWERS

# A-10 ベルトつきの手ぶくろ

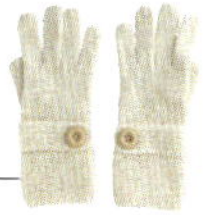

Photo → P50

【使用糸】
M（白）ハマナカ アメリー　生成り（20）…60 g
M（茶）ハマナカ カミーナループ　こげ茶(105)…50 g
【用　具】
（白）6 号 4 本針（短）または輪針
（茶）4 号 4 本針（短）または輪針
【付属】（共通）ボタン2.5cm × 2個
【ゲージ】（10cm四方）メリヤス編み　21目32段
ガーター編み　20目40段
【できあがりサイズ】 図参照

**Point**

指でかける作り目をして輪にし、ガーター編みで手首を編み、図を参照して続けてメリヤス編みで手のひら～甲を編みます。途中、親指位置で別糸を編み入れます。親指以外の4本の指を指定の目数に分け、順に編んでいきます。親指の別糸の目を拾い、編みます。ベルトを2枚編み、ベルトの編み終わり側を指定位置に巻きかがり、反対側はボタンで縫いとめます。

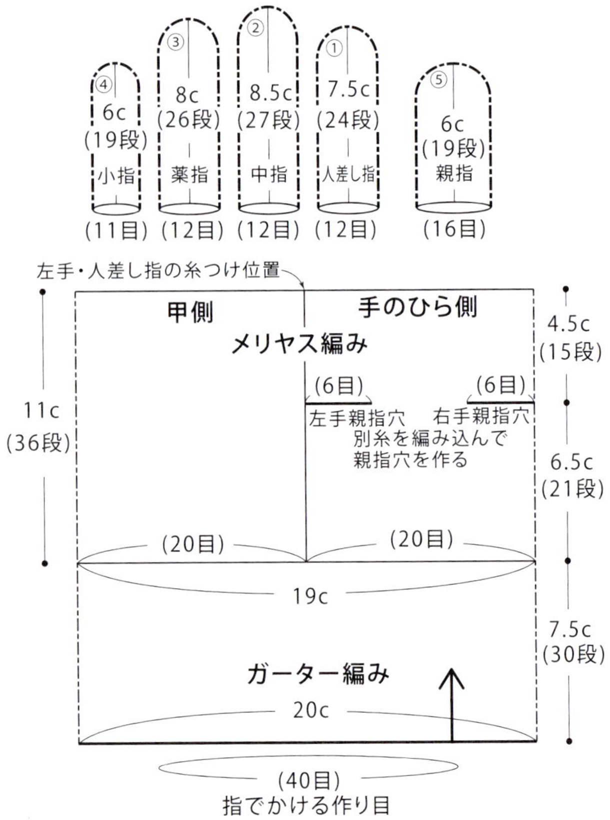

④ 6c (19段) 小指 (11目)
③ 8c (26段) 薬指 (12目)
② 8.5c (27段) 中指 (12目)
① 7.5c (24段) 人差し指 (12目)
⑤ 6c (19段) 親指 (16目)
左手・人差し指の糸つけ位置
甲側
手のひら側
メリヤス編み
(6目)
(6目)
左手親指穴
右手親指穴
別糸を編み込んで親指穴を作る
11c (36段)
4.5c (15段)
6.5c (21段)
(20目)
(20目)
19c
7.5c (30段)
ガーター編み
20c
(40目)
指でかける作り目


## 右手の指の編み出し方

※左手は対称に編む

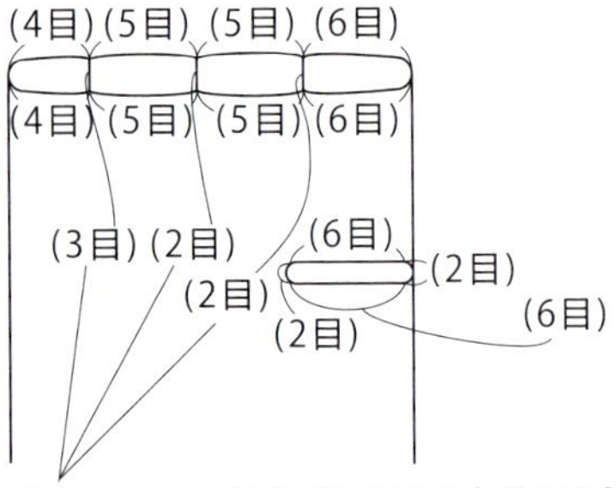

(4目) (5目) (5目) (6目)
(4目) (5目) (5目) (6目)
(3目) (2目)
(2目)
(6目)
(2目)
(2目)
(6目)


※人差し指から編み始め、中指、薬指、小指の順に編む
中指からは編まれている指から目を拾う

※左手は手の甲と手のひらを編み終わったら糸を切り、親指側に糸をつけて人差し指から順に編む

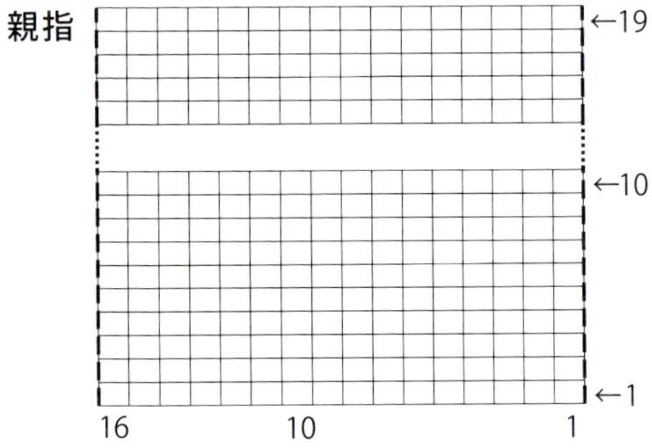

親指
←19
←10
←1
16
10
1


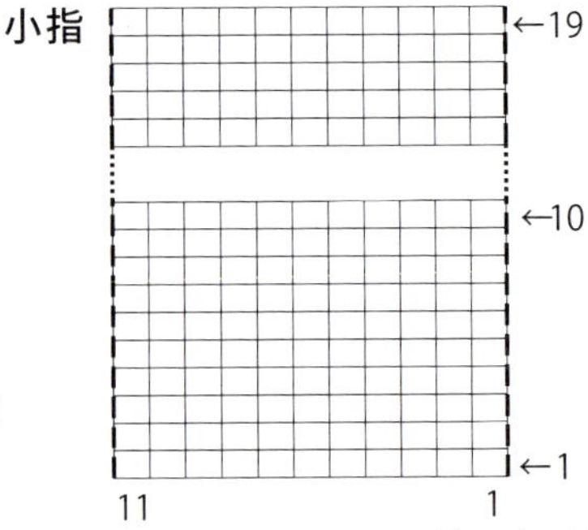

小指
←19
←10
←1
11
1


□ = Ｉ 表目

※指の編み終わりは、最終段に糸を通して絞る（5 本指とも共通）

ベルト 2枚

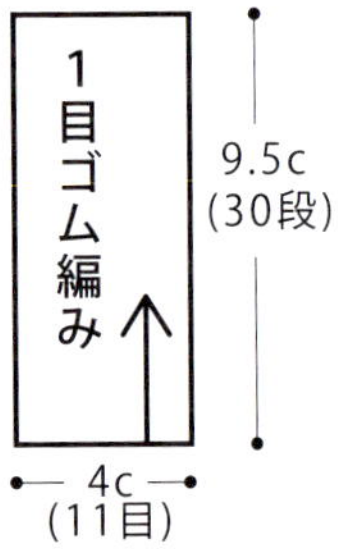

1目ゴム編み
9.5c (30段)
4c (11目)


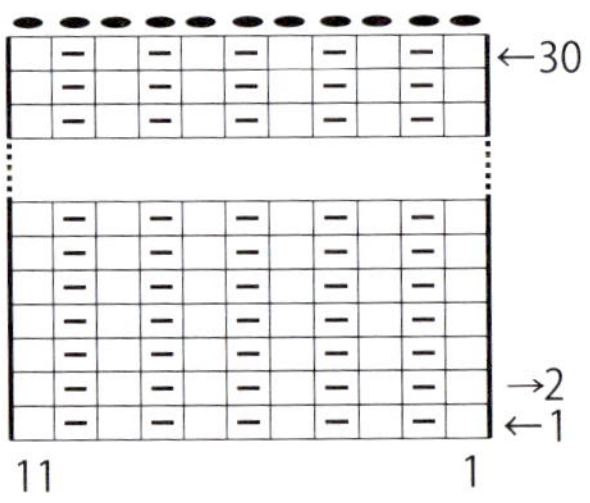

←30
→2
←1
11
1

□ = [|] 表目

薬指

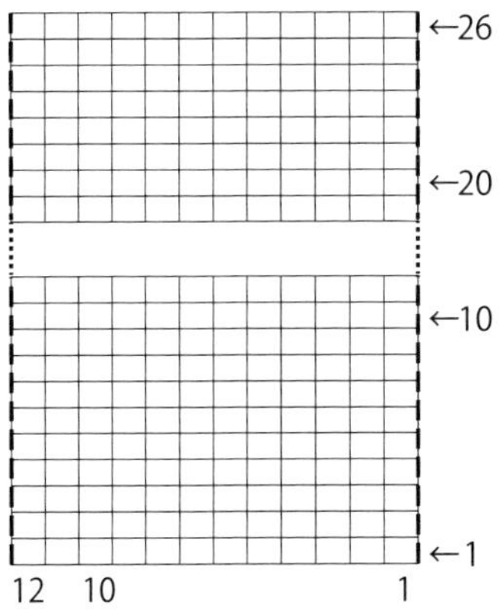
←26
←20
←10
←1
12 10 1

中指

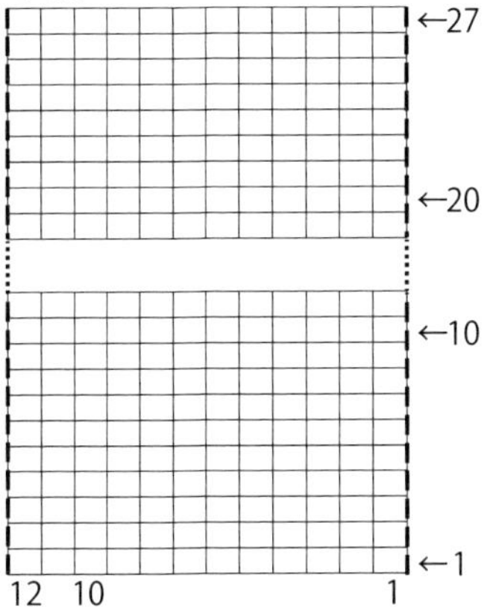
←27
←20
←10
←1
12 10 1

人差し指

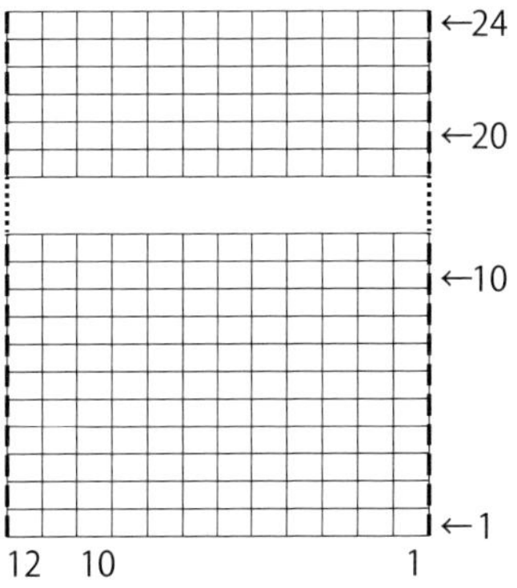
←24
←20
←10
←1
12 10 1

※指の編み終わりは、最終段に糸を通して絞る（5 本指とも共通）

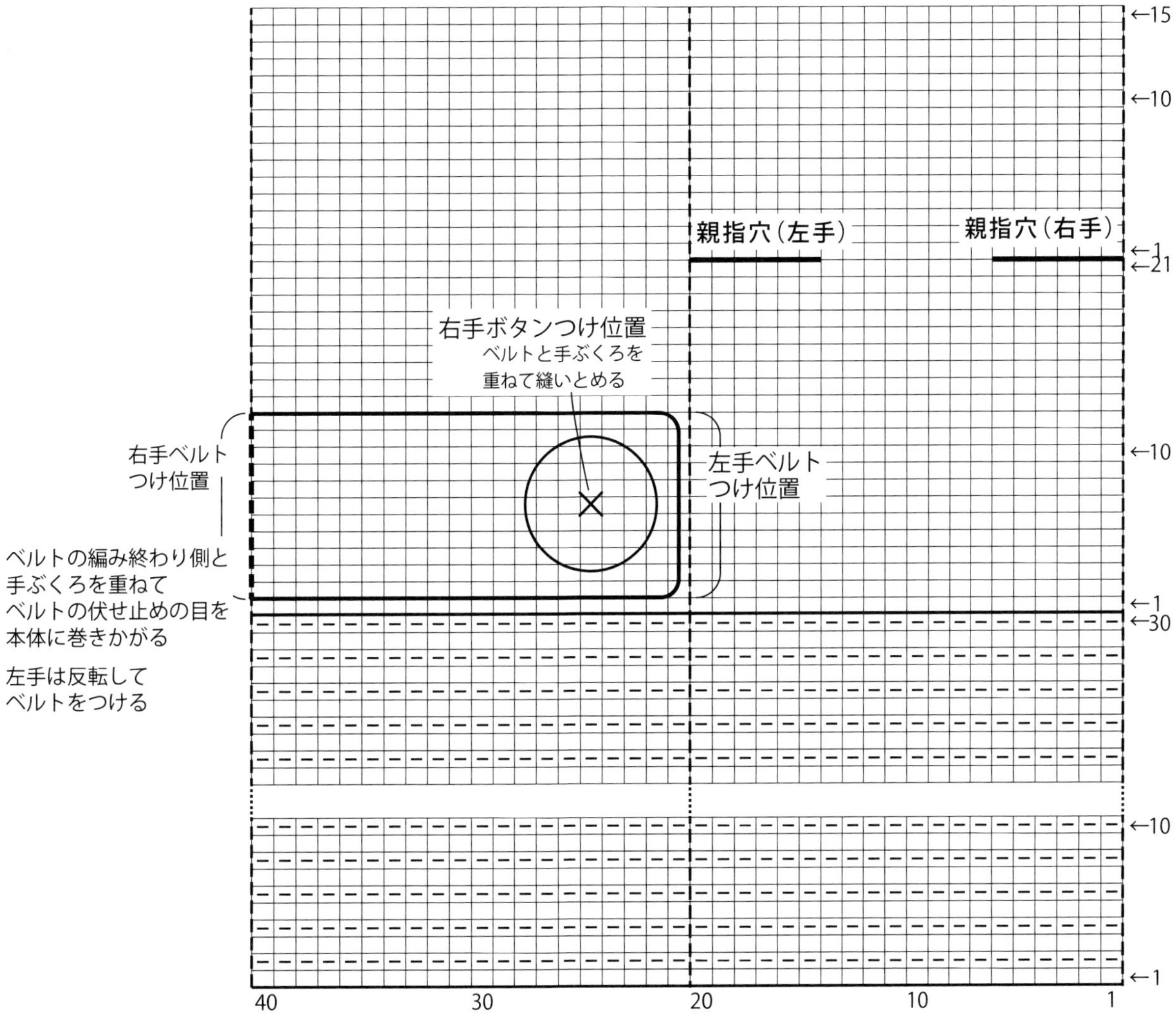
甲側
手のひら側
←15
←10
親指穴（左手）
親指穴（右手）
←1
←21
右手ボタンつけ位置
ベルトと手ぶくろを
重ねて縫いとめる
右手ベルト
つけ位置
左手ベルト
つけ位置
←10
ベルトの編み終わり側と
手ぶくろを重ねて
ベルトの伏せ止めの目を
本体に巻きかがる
左手は反転して
ベルトをつける
←1
←30
←10
←1
40
30
20
10
1

# A-11

## カバーつきの指出し手ぶくろ

寒い時はカバーをはめてミトンに。機能性だけでなく、見た目もかわいいカバーつき手ぶくろです。グラデーション糸は飽きずに編み続けられます。
糸：ハマナカ ディーナ

Solid
HAGEMAN'S

# A-11 カバーつきの指出し手ぶくろ

Photo → P54

【使用糸】
M ハマナカ ディーナ　紫系（17）…50ｇ
M ハマナカ ディーナ　ブルー系(14)…50ｇ
【用　具】6号4本針（短）または輪針、かぎ針3/0号
【付属】(共通）ボタン2㎝×2個
【ゲージ】(10㎝四方）メリヤス編み　21目32段
ガーター編み　21目40段
【できあがりサイズ】図参照

**Point**

指でかける作り目をして輪にし、図を参照してガーター編みとメリヤス編みで、手のひら～甲を編みます。途中、親指位置で別糸を編み入れます。親指以外の4本の指を指定の目数に分け、順に編んでいき、伏せ止めをします。親指の別糸の目を拾い、編みます。カバーを手ぶくろの編み始めと同じ要領で編み、図を参照して4か所で減目をし、編み終わりは絞ります。くさり12目を2本編み、カバーの先にとじつけます。カバーを手ぶくろの指定位置にとじつけ、ボタンをつけます。

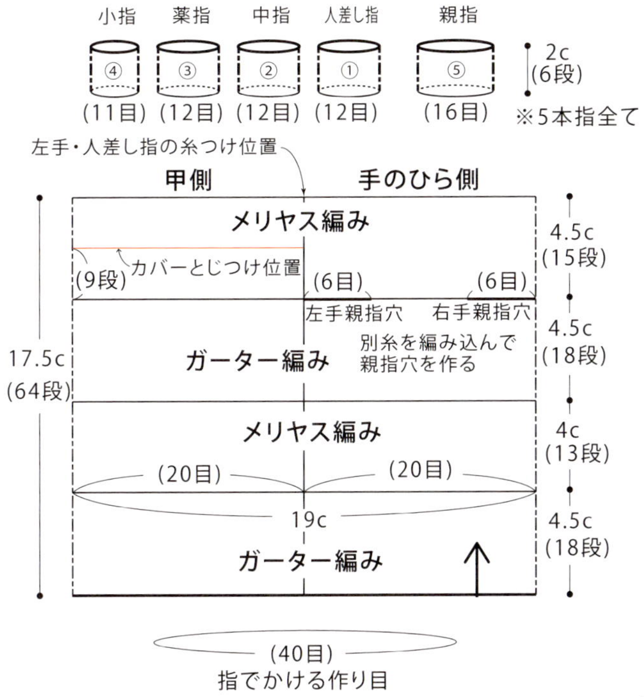
小指
薬指
中指
人差し指
親指
④ ③ ② ① ⑤
2c
(6段)
(11目) (12目) (12目) (12目) (16目)
※5本指全て
左手・人差し指の糸つけ位置
甲側
手のひら側
メリヤス編み
4.5c
(15段)
カバーとじつけ位置
(9段)
(6目)
(6目)
左手親指穴
右手親指穴
17.5c
(64段)
ガーター編み
別糸を編み込んで
親指穴を作る
4.5c
(18段)
メリヤス編み
4c
(13段)
(20目)
(20目)
19c
4.5c
(18段)
ガーター編み
(40目)
指でかける作り目

## 右手の指の編み出し方

※左手は対称に編む

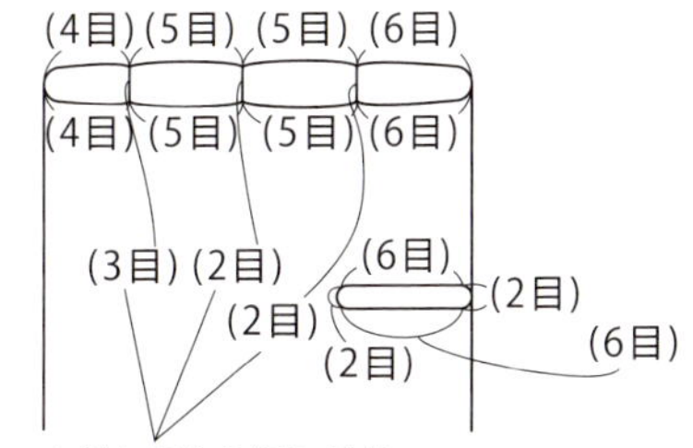
(4目) (5目) (5目) (6目)
(4目) (5目) (5目) (6目)
(3目) (2目)
(6目)
(2目)
(2目)
(2目)
(6目)

※人差し指から編み始め、
中指、薬指、小指の順に編む
中指からは編まれている指から
目を拾う

※左手は手の甲と手のひらを
編み終わったら糸を切り、
親指側に糸をつけて
人差し指から順に編む

## カバー

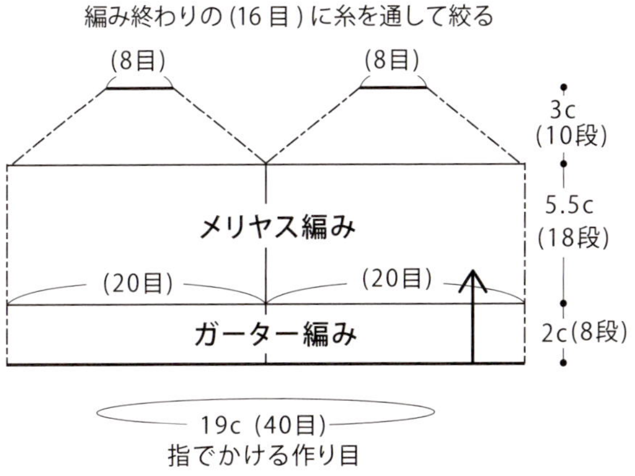
編み終わりの(16目)に糸を通して絞る
(8目)
(8目)
3c
(10段)
メリヤス編み
5.5c
(18段)
(20目)
(20目)
ガーター編み
2c(8段)
19c (40目)
指でかける作り目

□ = ｜ 表目

※指の編み終わりは、ゆるめに伏せ止めをする（5 本指とも共通）

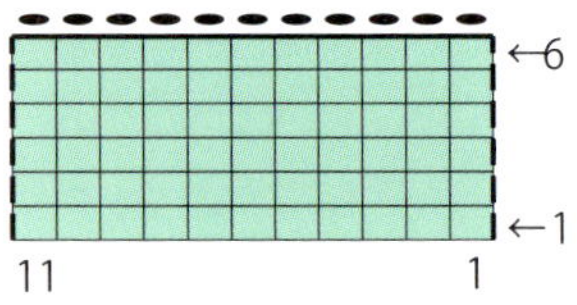

小指
←6
←1
11
1


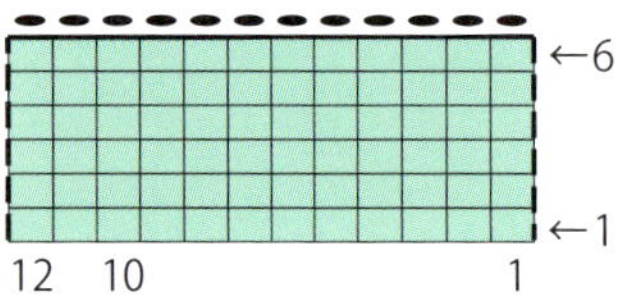

人差し指・中指・薬指
←6
←1
12
10
1


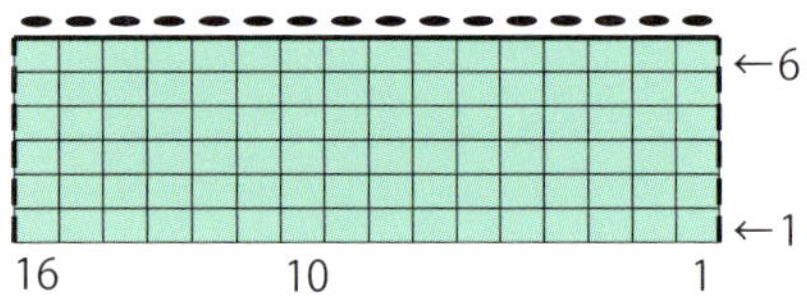

親指
←6
←1
16
10
1


## 手ぶくろ本体

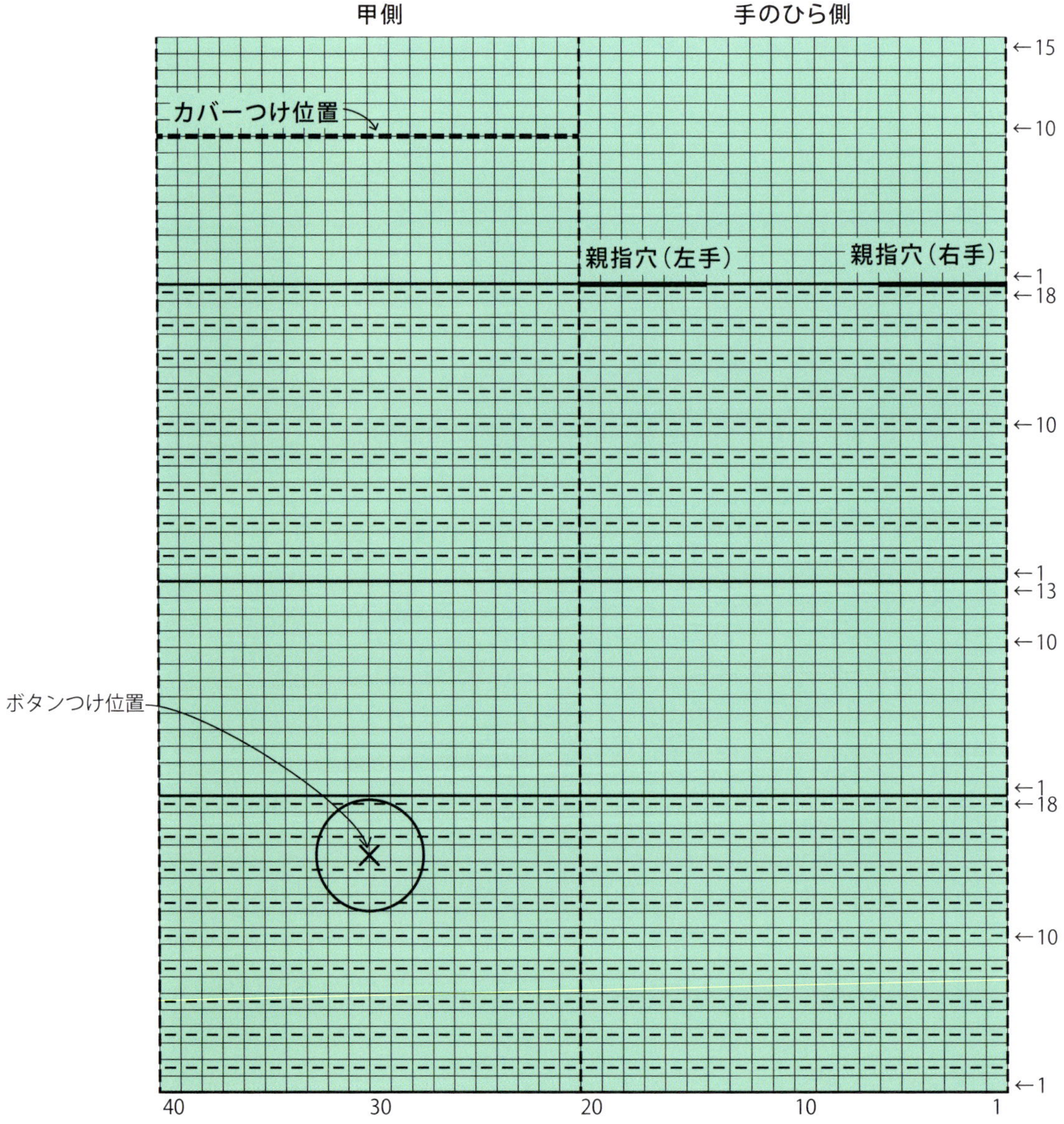

甲側
手のひら側
カバーつけ位置
親指穴（左手）
親指穴（右手）
ボタンつけ位置
←15
←10
←1
←18
←10
←1
←13
←10
←1
←18
←10
←1
40
30
20
10
1

## カバー

□＝[I] 表目

※編み終わりは糸を通して絞る

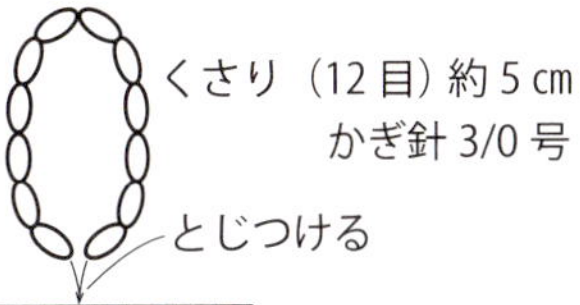
くさり（12目）約5cm
かぎ針3/0号
とじつける

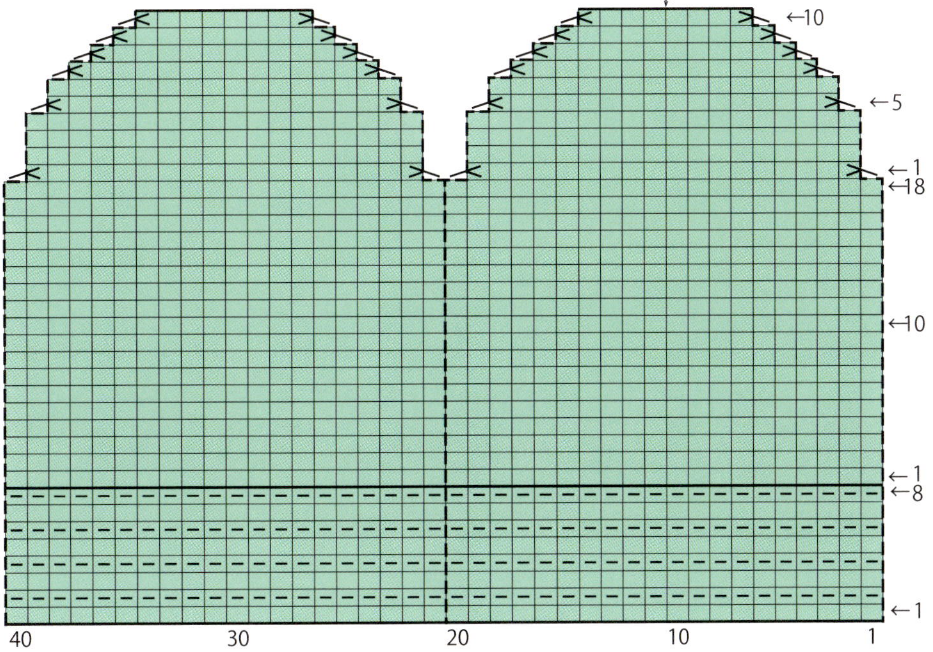
←10
←5
←1
←18
←10
←1
←8
←1
40
30
20
10
1

# A-9 手首が二重になった手ぶくろ

Photo → P46

□＝[I] 表目

■＝グラデーション

### 薬指

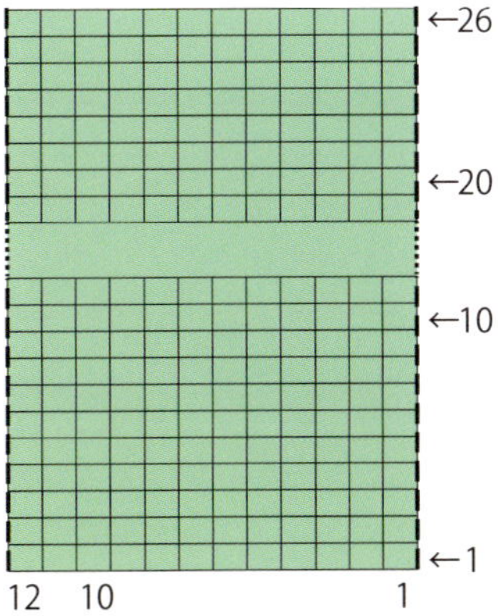
←26
←20
←10
←1
12
10
1

### 中指

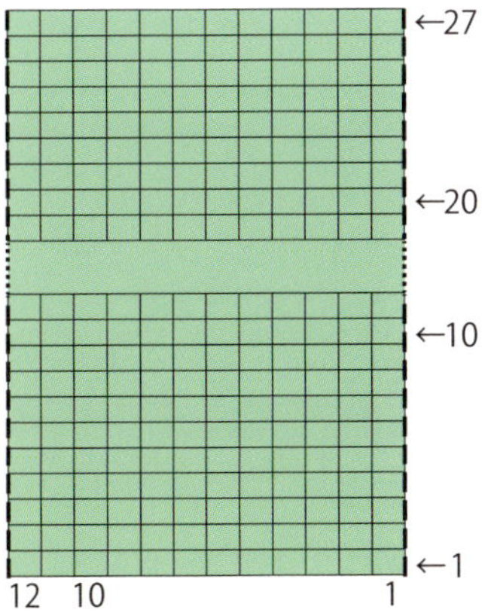
←27
←20
←10
←1
12
10
1

### 人差し指

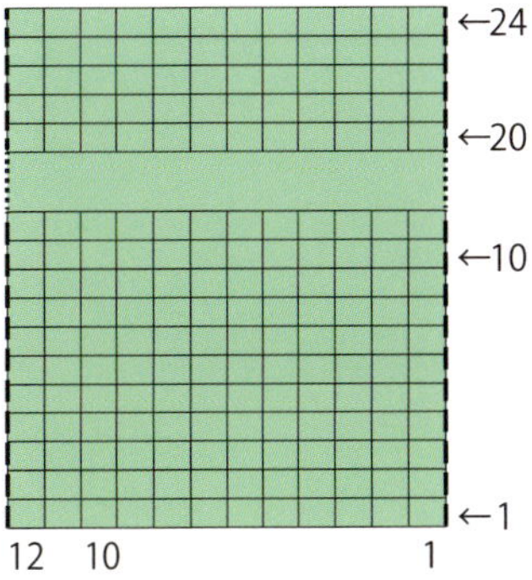
←24
←20
←10
←1
12
10
1

※指の編み終わりは、最終段に糸を通して絞る（5本指とも共通）

PLEASE REFRIGERATE AFTER OPENING

Size S

# B-1

## 基本の手ぶくろ

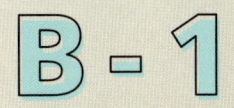

親指穴を別糸で編む方法とは違い、増し目でマチを作りながら編んでいく方法です。親指の拾い目が苦手な人はこちらの編み方もおすすめです。

糸：ハマナカ アメリー

Size M

Size L

# B-1　基本の手ぶくろ（右手・Mサイズ）

Bタイプの基本となる編み方です。わかりやすいように工程ごとに糸の色を替えています

## ●手首から編み始めます

指でかける作り目をして、1目ゴム編みを必要な段数編みます。（P10参照）

## ●親指のマチを編みます

左増し目

右増し目

編み図を見ながら目を増やしていき、マチを作ります。（増し目の編み方はP93）

マチができたところ。親指の分だけ別糸を通して休めておきます。

## ●手のひらを編みます

親指以外の目を輪にして表目で必要段編みます。

４本の指のつけ根まで編めたところ。両手とも糸を切り、糸をつけて人差し指を輪に編みます。人差し指、中指、薬指、小指の編み方はA-１基本の手ぶくろと同じです。P11〜12を参照してください。

## ●親指を編みます

①休めていた目を針に移し、親指のつけ根の●からスタートしてぐるっと編み、最後に◎を拾います。計４目増えることになります。

②糸をつけて●を拾います。

③さらに隣の●を拾います。

④針にかかっている６目を表編みで編みます。

⑤反対側の針にかかっている６目を表編みで続けて編みます。

⑥◎を１目拾います。

⑦◎をもう１目拾って１周編めました。

⑧親指を必要段編み、P11を参照して指先を絞り、糸端の始末をしてできあがりです。このタイプは左右の区別がないので、もうひとつ同じように編みます。

# B-1 基本の手ぶくろ

Photo → P58

【使用糸】
S ハマナカ アメリー
黄色(31)…35g・茶色(49)…15g
M ハマナカ アメリー
赤(5)…40g、グレー(22)…20g
L ハマナカ アメリー
グリーン(12)…50 g、白(20)…25g
【用　具】
6号4本針（短）または輪針
【ゲージ】(10cm四方) 21目32段
【できあがりサイズ】図参照

**Point**

指でかける作り目をして輪にし、1目ゴム編みで手首を配色して編み、図を参照して親指のマチを中央に作りながら、手の甲～手のひらをメリヤス編みで配色して編みます。必要段数を編み、親指のマチが編めたら目を休めて、残りの段数を編みます。続けて、親指以外の4本指を指定の目数に分け、順に編みます。親指は休めておいたマチの目を拾い、続きを編みます。

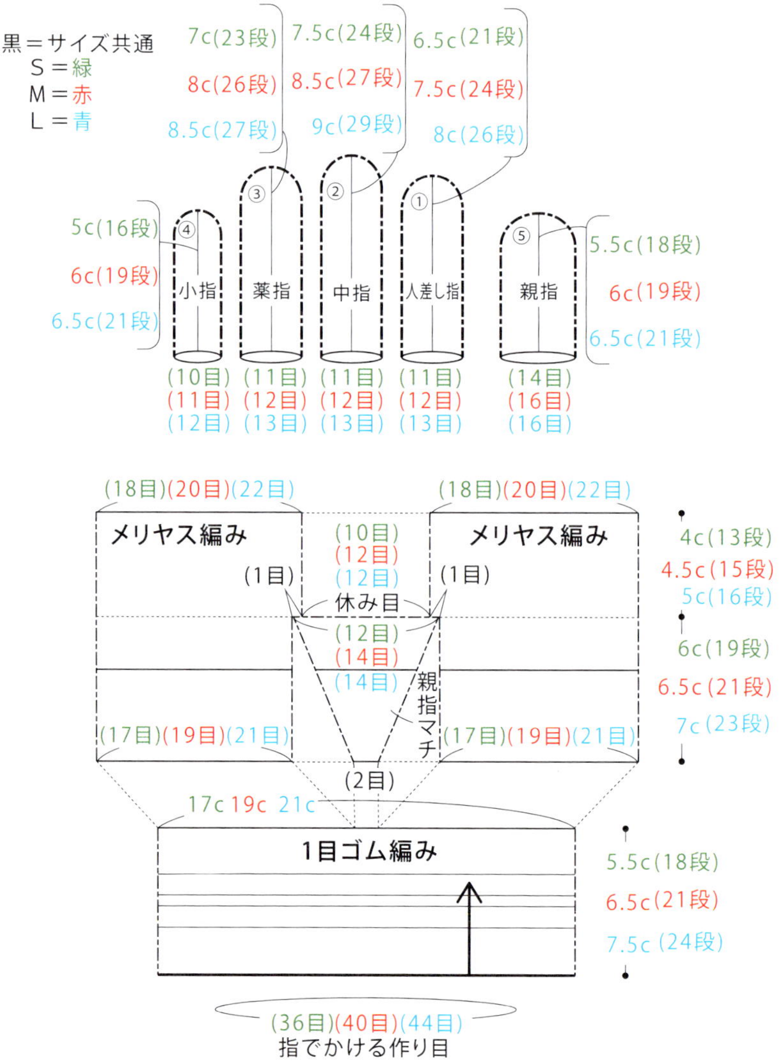

黒＝サイズ共通
S＝緑
M＝赤
L＝青
7c(23段)
8c(26段)
8.5c(27段)
7.5c(24段)
8.5c(27段)
9c(29段)
6.5c(21段)
7.5c(24段)
8c(26段)
5c(16段)
6c(19段)
6.5c(21段)
5.5c(18段)
6c(19段)
6.5c(21段)
小指
薬指
中指
人差し指
親指
(10目)(11目)(12目)
(11目)(12目)(13目)
(11目)(12目)(13目)
(11目)(12目)(13目)
(14目)(16目)(16目)
(18目)(20目)(22目)
(18目)(20目)(22目)
メリヤス編み
メリヤス編み
(10目)
(12目)
(12目)
(1目)
(1目)
休み目
4c(13段)
4.5c(15段)
5c(16段)
(12目)
(14目)
(14目)
6c(19段)
6.5c(21段)
7c(23段)
親指マチ
(17目)(19目)(21目)
(17目)(19目)(21目)
(2目)
17c 19c 21c
1目ゴム編み
5.5c(18段)
6.5c(21段)
7.5c(24段)
(36目)(40目)(44目)
指でかける作り目

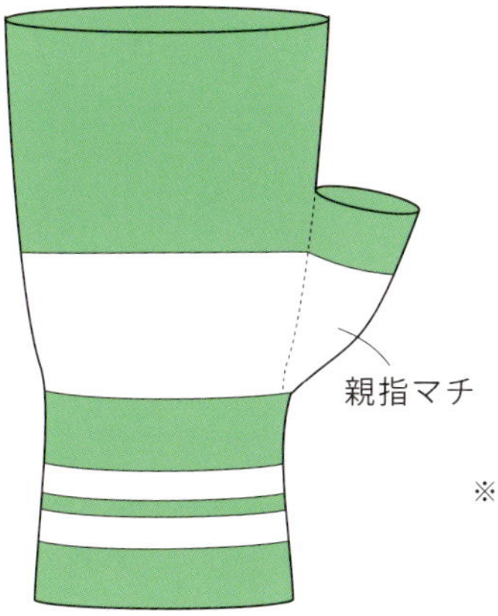
親指マチ

□ = [I] 表目

■ = S 黄色・M 赤・L グリーン

□ = S 茶色・M グレー・L 白

## 指の編み出し方

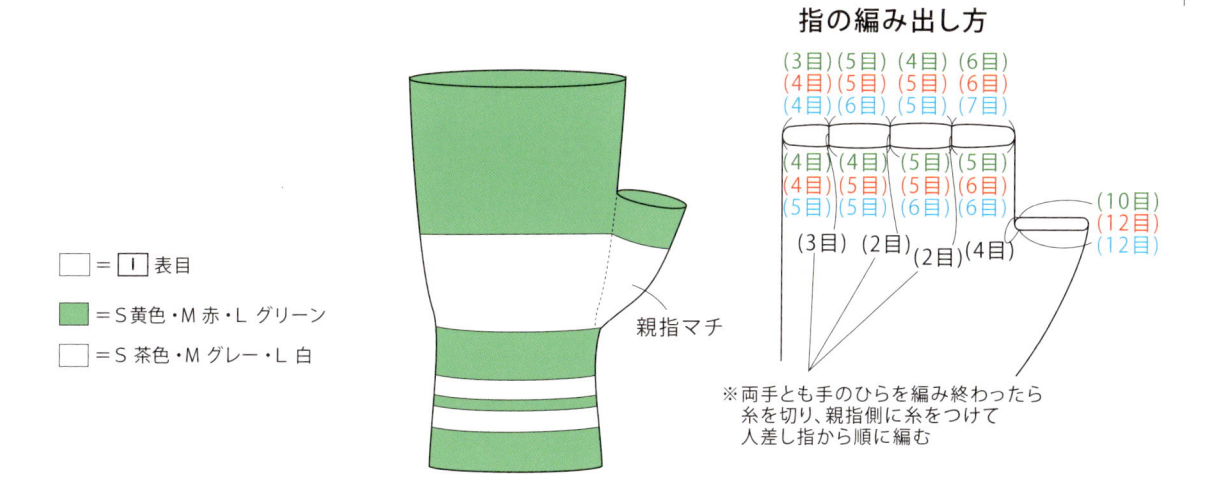

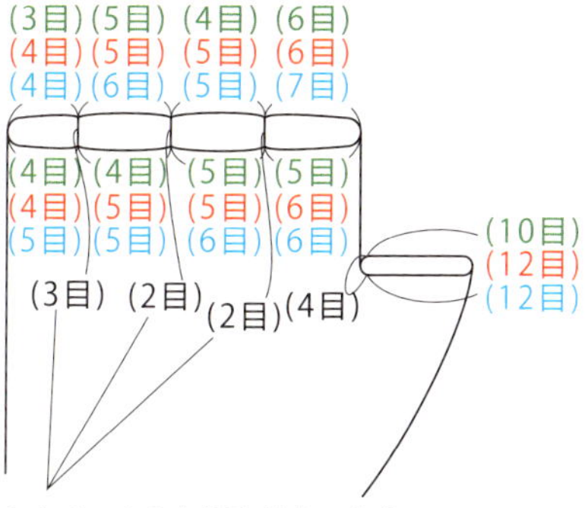
(3目) (5目) (4目) (6目)
(4目) (5目) (5目) (6目)
(4目) (6目) (5目) (7目)
(4目) (4目) (5目) (5目)
(4目) (5目) (5目) (6目)
(5目) (5目) (6目) (6目)
(10目)
(12目)
(12目)
(3目) (2目) (2目) (4目)

※両手とも手のひらを編み終わったら
糸を切り、親指側に糸をつけて
人差し指から順に編む

## Mサイズ

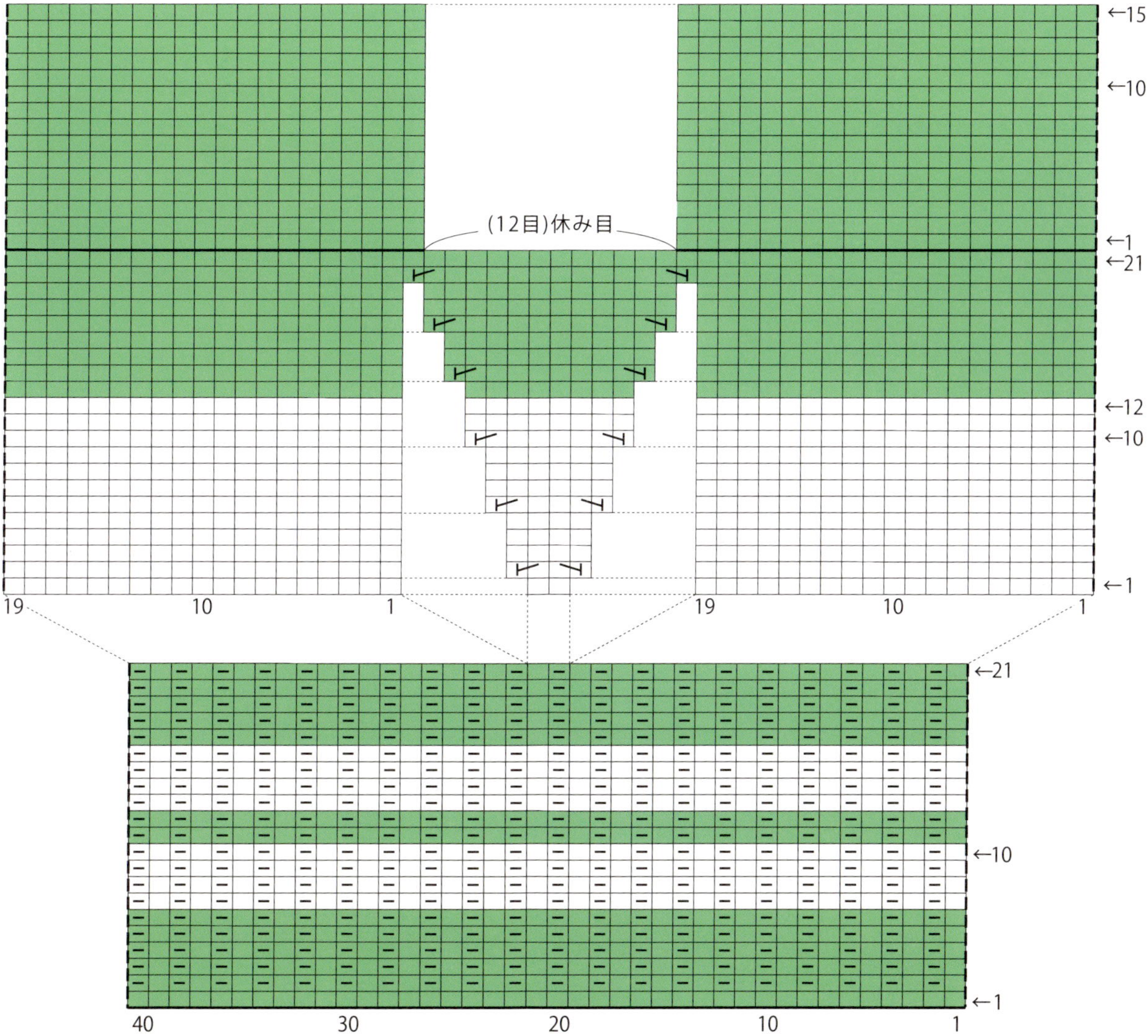
(12目)休み目
←15
←10
←1
←21
←12
←10
←1
19
10
1
19
10
1
←21
←10
←1
40
30
20
10
1

### 小指

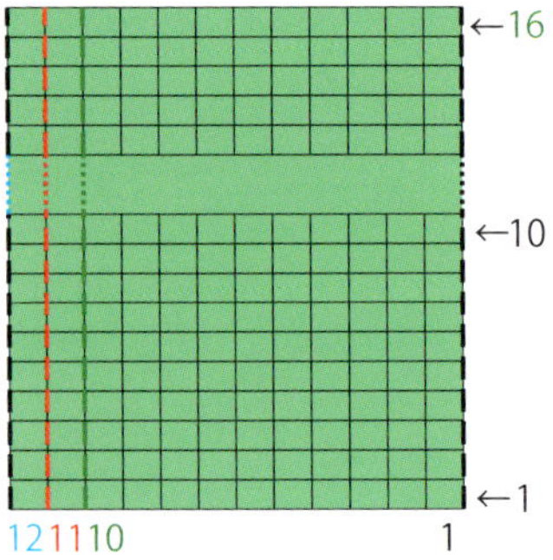

←16 19 21
←10
←1
12 11 10
1


### 親指

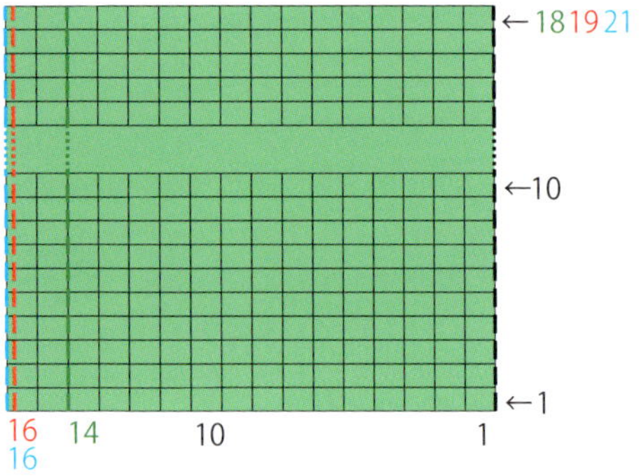

←18 19 21
←10
←1
16 14 10 1
16


□ = [I] 表目

■ = S 黄色・M 赤・L グリーン

□ = S 茶色・M グレー・L 白

※指の編み終わりは、最終段に糸を通して絞る（5 本指とも共通）

### Lサイズ

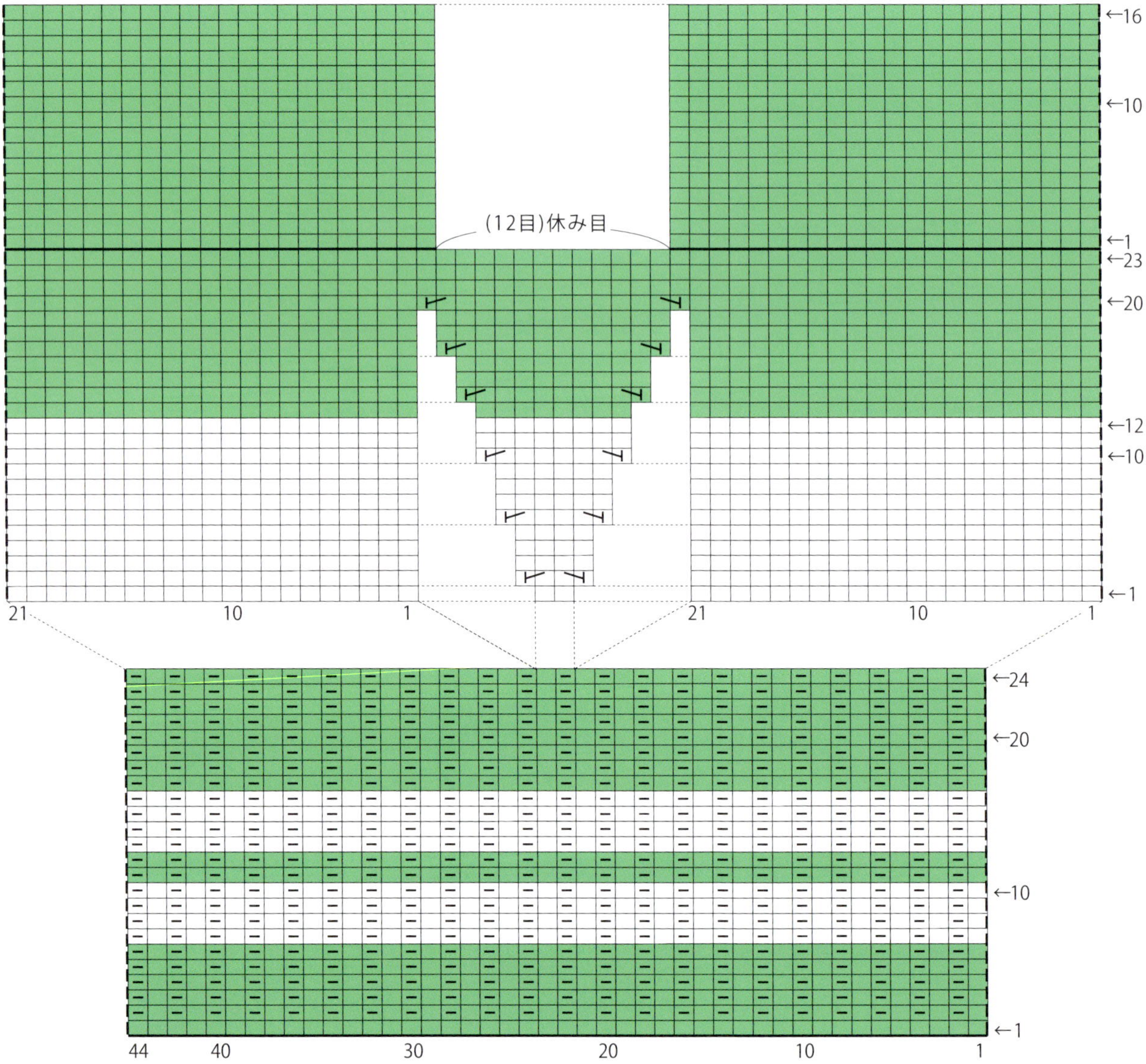

←16
←10
(12目)休み目
←1
←23
←20
←12
←10
←1
21 10 1
21 10 1
←24
←20
←10
←1
44 40 30 20 10 1

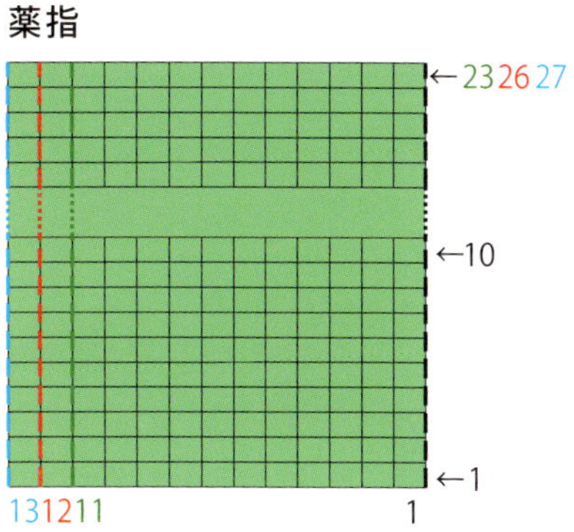
薬指
←23 26 27
←10
←1
13 12 11
1

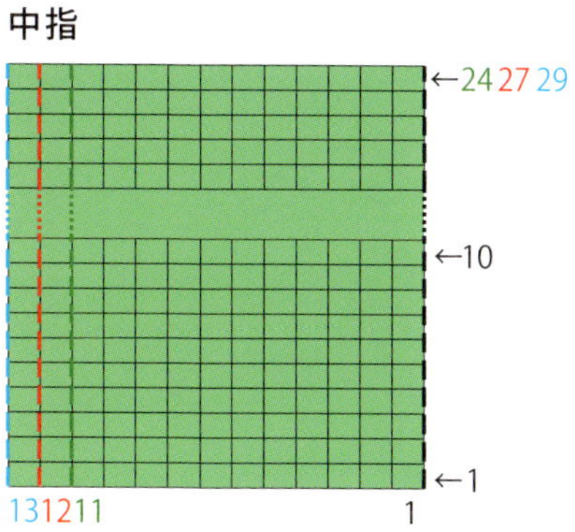
中指
←24 27 29
←10
←1
13 12 11
1

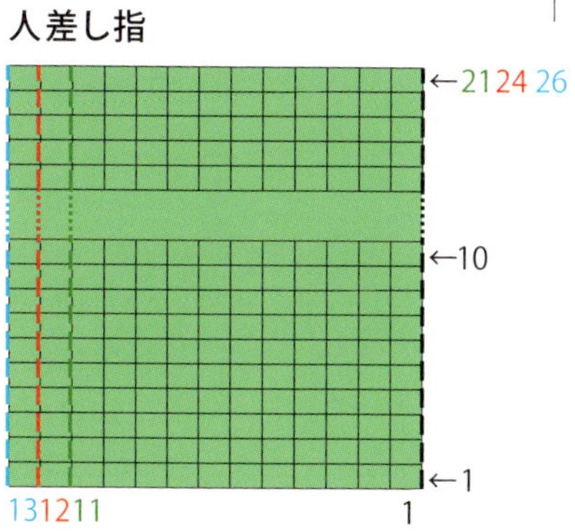
人差し指
←21 24 26
←10
←1
13 12 11
1

□ ＝ [I] 表目

■ ＝S 黄色・M 赤・L グリーン

□ ＝S 茶色・M グレー・L 白

## Sサイズ

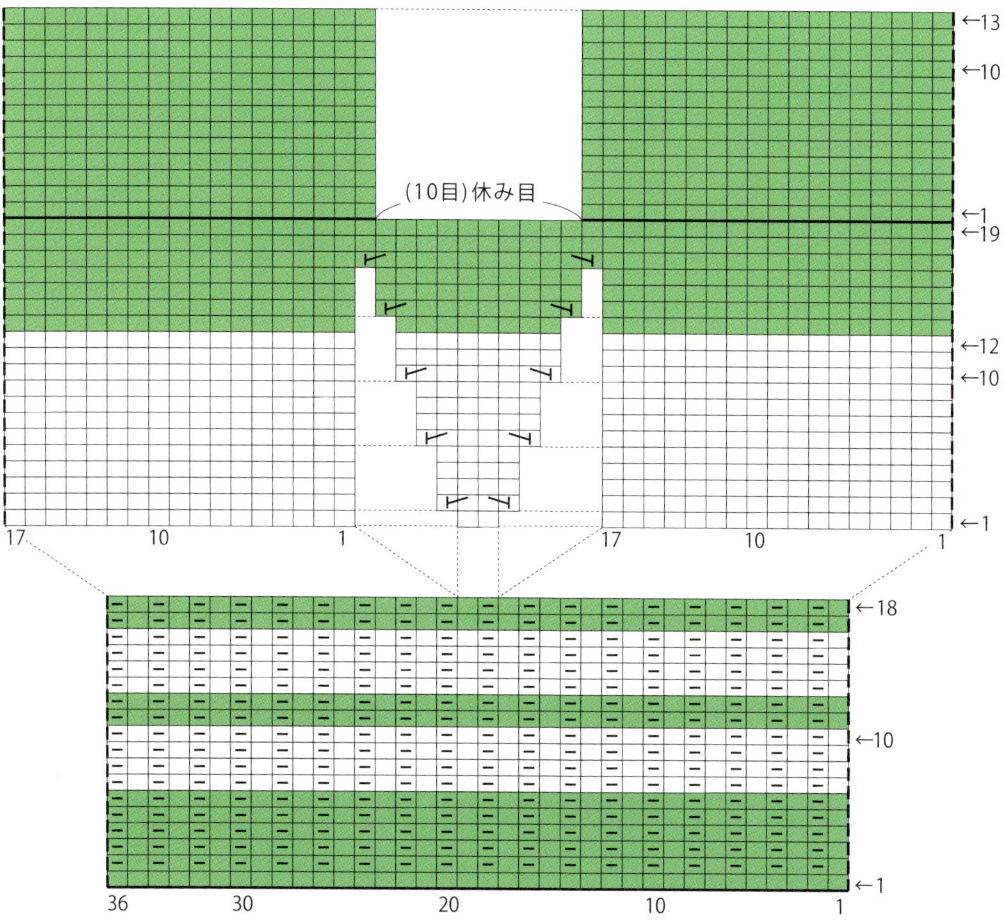
(10目)休み目
←13
←10
←1
←19
←12
←10
←1
17
10
1
17
10
1
←18
←10
←1
36
30
20
10
1

# B-2

## ドット柄の手ぶくろ

手のひらと手の甲に、それぞれさりげない模様を入れた、合わせやすいデザインです。好きな方を手の甲にしてつけることができます。

糸：ハマナカ エクシードウールL ≪並太≫

color
change

ベーシックな色がよく似合うデザインです。通勤・通学にも重宝します。

# B-2 ドット柄の手ぶくろ

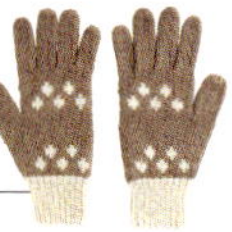

Photo → P66

【使用糸】
M（ベージュ）ハマナカ エクシードウールL ≪並太≫
ベージュ(804)…60g、生成り(801)…30g
M（紺）ハマナカ エクシードウールL ≪並太≫
紺(848)…60g、グレー(827)…30g
【用　具】6号4本針（短）または輪針
【ゲージ】(10cm四方) 21目32段
【できあがりサイズ】図参照

**Point**

指でかける作り目をして輪にし、1目ゴム編みで手首を編み、図を参照して親指のマチを中央に作りながら、手の甲～手のひらを編み込み模様（P31参照）A・Bを配置して編みます。21段編み、親指のマチが編めたら、マチの12目を休めて、残りの15段を編みます。続けて、親指以外の4本指を指定の目数に分け、順に編みます。親指は休めておいた目を拾い、続きを編みます。

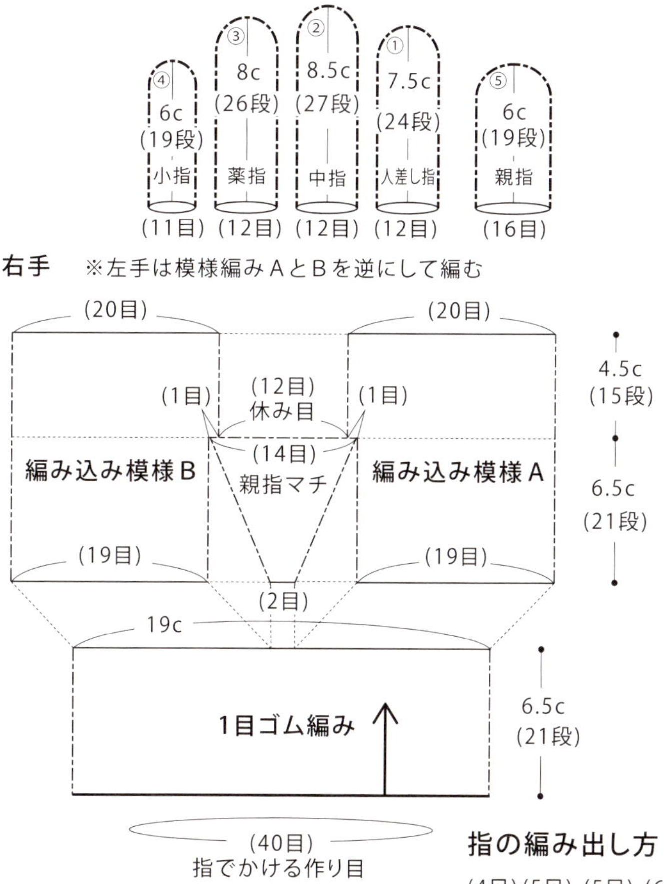

④ 6c (19段) 小指 (11目)
③ 8c (26段) 薬指 (12目)
② 8.5c (27段) 中指 (12目)
① 7.5c (24段) 人差し指 (12目)
⑤ 6c (19段) 親指 (16目)
右手　※左手は模様編みAとBを逆にして編む
(20目)
(20目)
(1目)
(12目) 休み目
(1目)
4.5c (15段)
(14目)
編み込み模様B
親指マチ
編み込み模様A
6.5c (21段)
(19目)
(19目)
(2目)
19c
1目ゴム編み
6.5c (21段)
(40目) 指でかける作り目


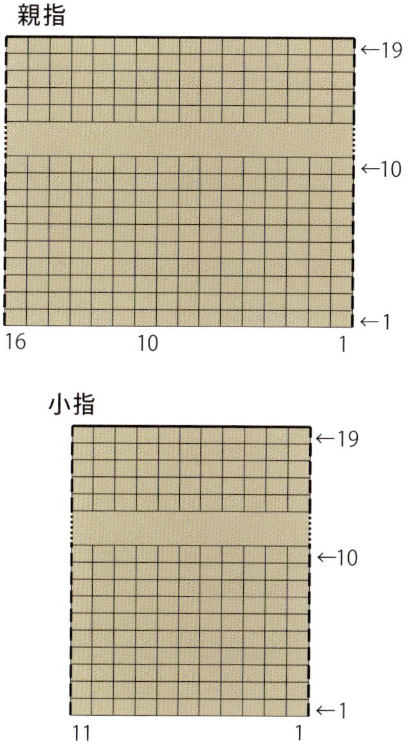

親指
←19
←10
←1
16
10
1
小指
←19
←10
←1
11
1
=　I　表目
=ベージュ（紺）


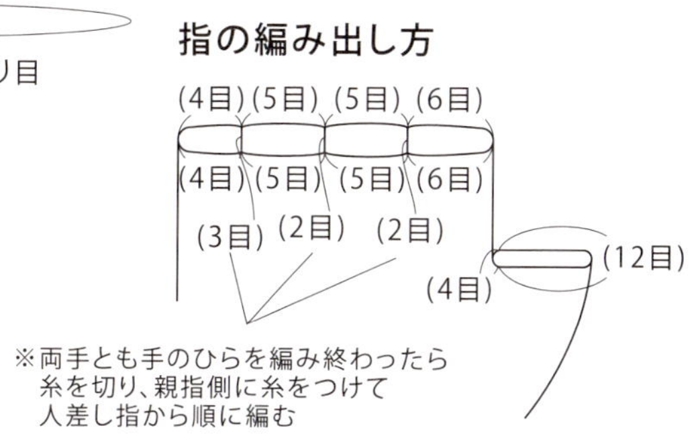

指の編み出し方
(4目) (5目) (5目) (6目)
(4目) (5目) (5目) (6目)
(3目) (2目) (2目)
(12目)
(4目)
※両手とも手のひらを編み終わったら
糸を切り、親指側に糸をつけて
人差し指から順に編む

**薬指**

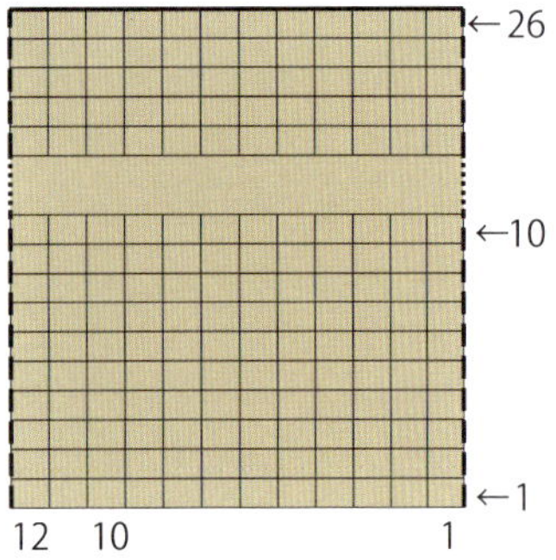
←26
←10
←1
12
10
1

**中指**

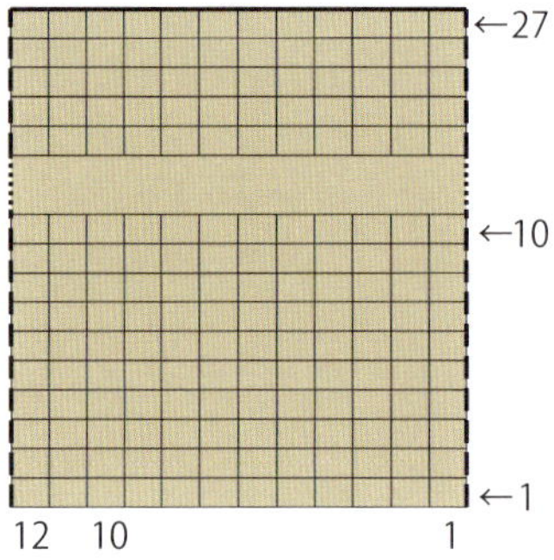
←27
←10
←1
12
10
1

**人差し指**

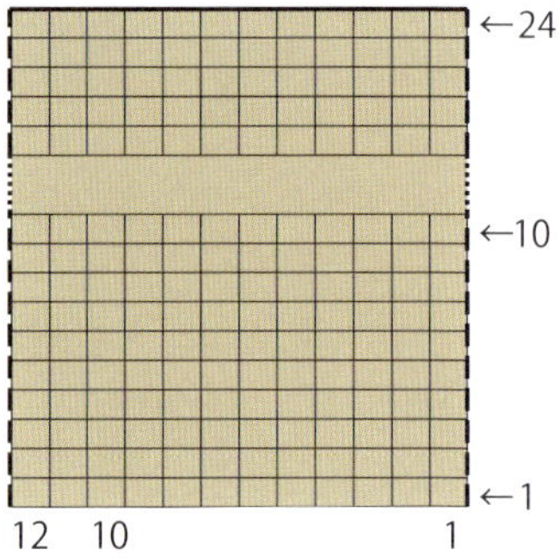
←24
←10
←1
12
10
1

※指の編み終わりは、最終段に糸を通して絞る(5 本指とも共通)

□＝[I] 表目

■＝ベージュ（紺）

□＝生成り（グレー）

**右手**

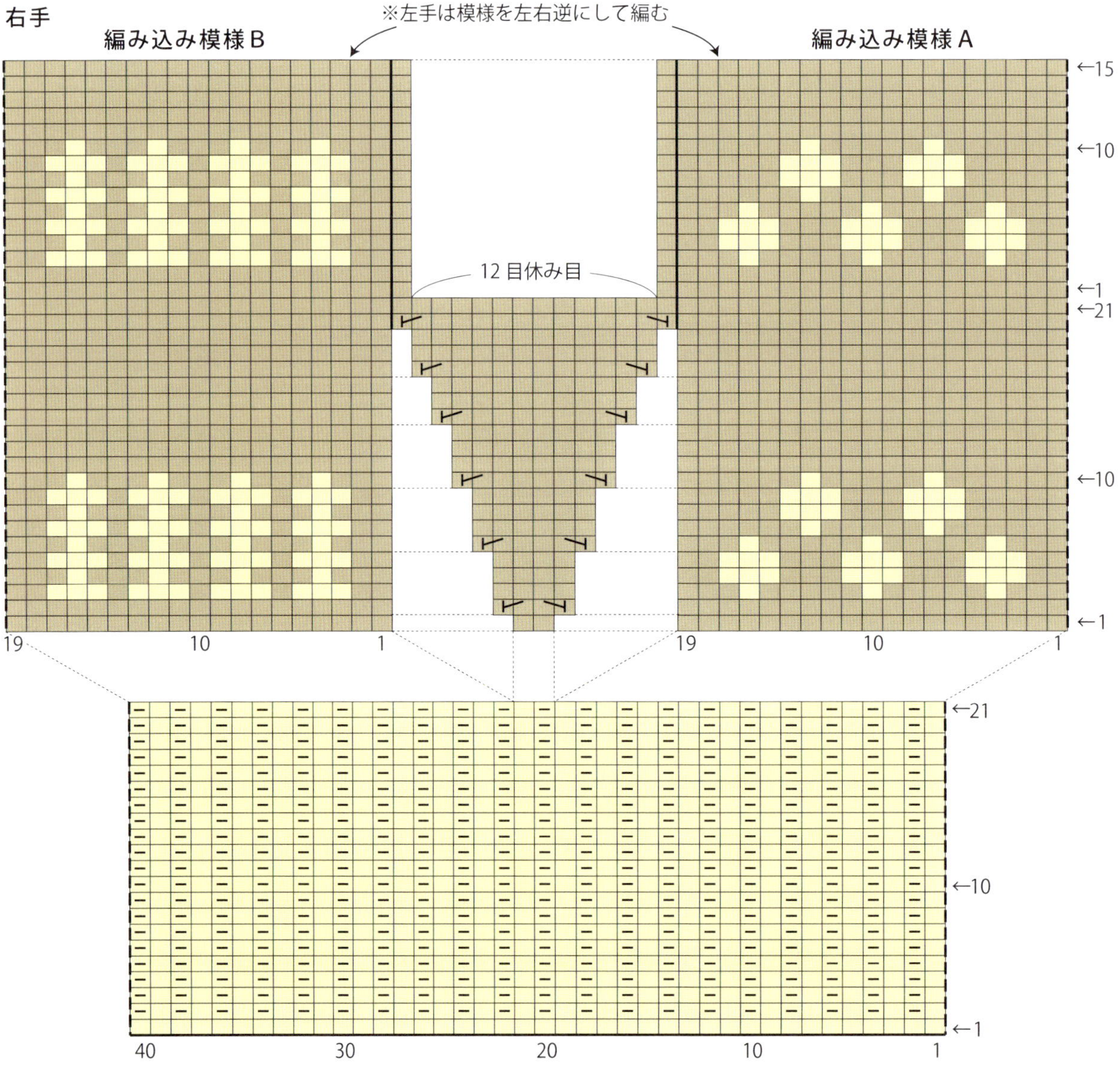
※左手は模様を左右逆にして編む
編み込み模様 B
編み込み模様 A
←15
←10
12 目休み目
←1
←21
←10
←1
19
10
1
19
10
1
←21
←10
←1
40
30
20
10
1

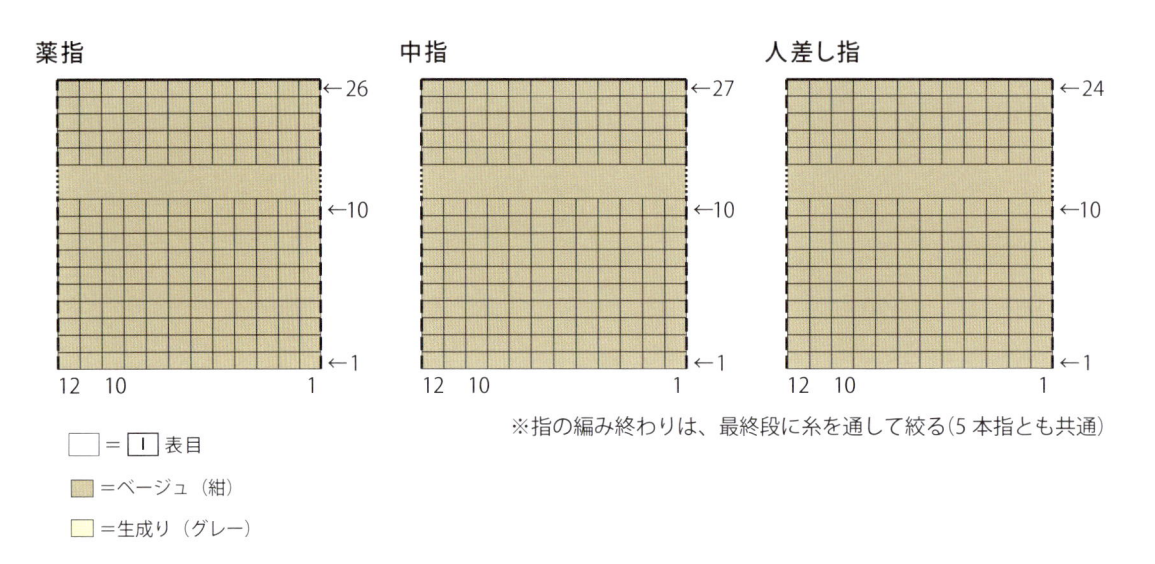

color
change

糸：ハマナカ ウービー
≪グラデーション≫

# B-3

## アラン柄の手ぶくろ

人気のアラン柄を編んでみたい人も、手ぶくろなら気軽にチャレンジできますね。丸いポンポンは、かぎ針で玉編みにします。

糸：ハマナカ ソノモノ アルパカリリー

Point **手首を編みます** ※編み目記号と編み方（P91〜）も参照してください

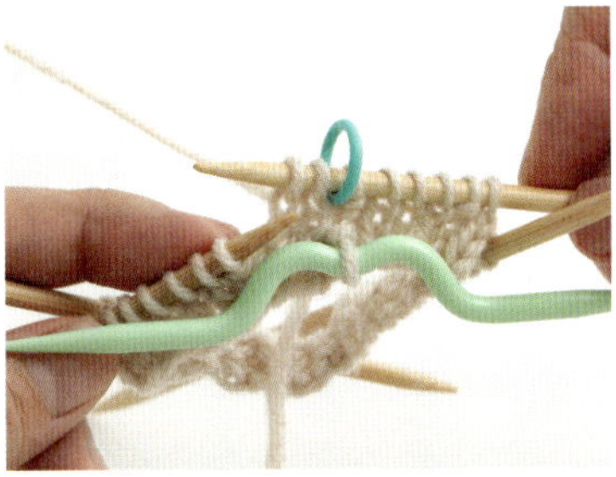

①手首にはなわ編みの模様を入れます。なわ編み針を使い、編み図どおりに交差編みをします。

②手首が編めたところ。

## ●中長編み5目の玉編み

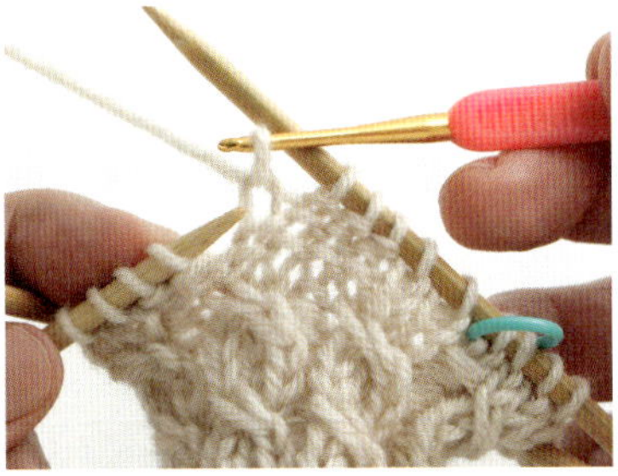

①玉編みをする目の手前まで編んだら、かぎ針に持ち替えて編みます。

②立ち上がり目のくさり編みを2目編みます。

③未完成の中長編みを4目編みます。

④糸をかけて一度に引き抜きます。これで玉編みができました。

⑤かぎ針にかかっている目を右の針に移します。

⑥続けて裏目を編みます。

# B-3 アラン柄の手ぶくろ

Photo → P69

【使用糸】
M （白）ハマナカ ソノモノ アルパカリリー　白(111)…55g
M （グラデーション）
　ハマナカ ウービー《グラデーション》 赤系(6)…50g
【用　具】6号4本針（短）又は輪針、かぎ針3/0号
【ゲージ】(10cm四方) 21目32段
【できあがりサイズ】図参照

**Point**

指でかける作り目をして輪にし、模様編みAで手首を編み、図を参照して親指のマチを中央に作りながら、手の甲～手のひらを模様編みBとメリヤス編みで編みます。21段編み、親指のマチが編めたら目を休めて、残りの15段を編みます。続けて、親指以外の4本の指を指定の目数に分け、順に編んでいきます。親指は休めておいたマチの目を拾い、続きを編みます。

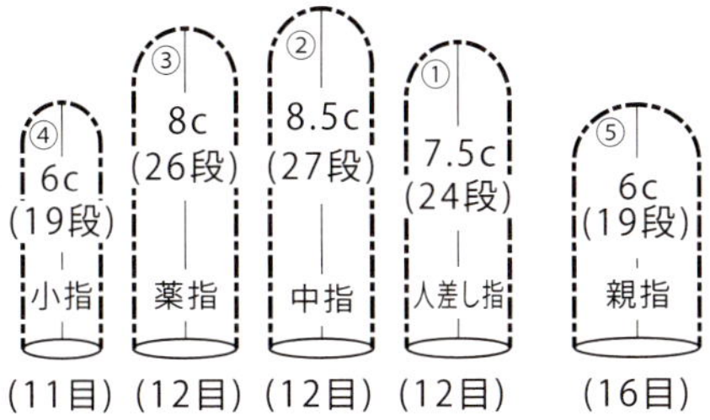

④ 6c (19段) 小指 (11目)
③ 8c (26段) 薬指 (12目)
② 8.5c (27段) 中指 (12目)
① 7.5c (24段) 人差し指 (12目)
⑤ 6c (19段) 親指 (16目)


右手　※左手は模様編みBとメリヤス編みを逆にして編む

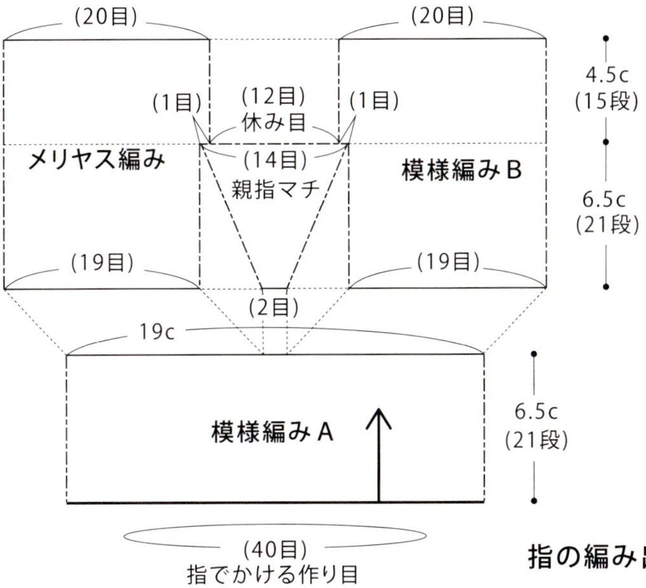

(20目)
(20目)
(1目)
(12目)
休み目
(1目)
4.5c
(15段)
メリヤス編み
(14目)
親指マチ
模様編みB
6.5c
(21段)
(19目)
(19目)
(2目)
19c
模様編みA
6.5c
(21段)
(40目)
指でかける作り目


親指

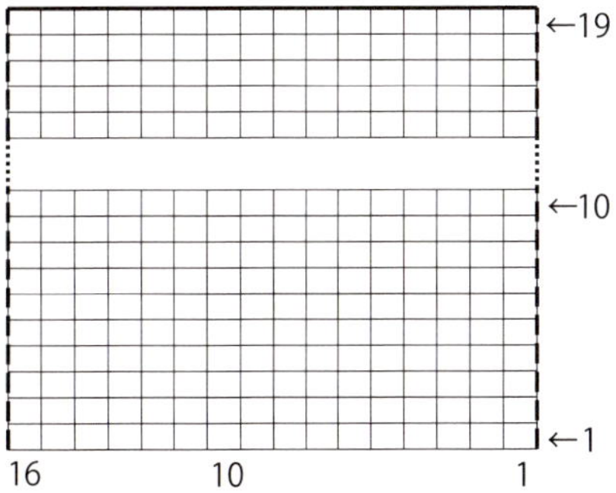

←19
←10
←1
16
10
1


小指

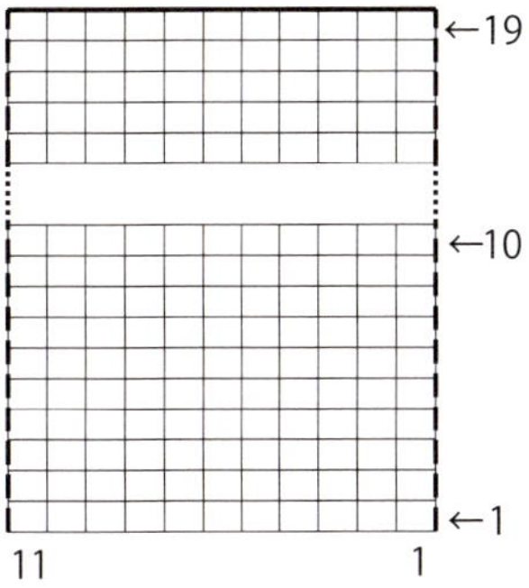

←19
←10
←1
11
1


※指の編み終わりは、最終段に糸を通して絞る

## 指の編み出し方

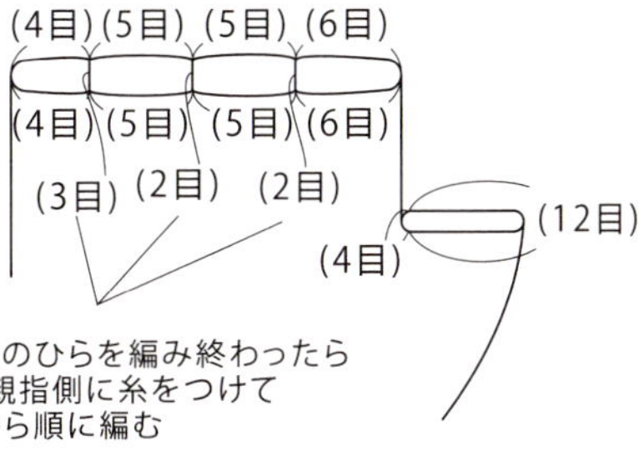

(4目)(5目)(5目)(6目)
(4目)(5目)(5目)(6目)
(3目)(2目)(2目)
(12目)
(4目)


※両手とも手のひらを編み終わったら
糸を切り、親指側に糸をつけて
人差し指から順に編む

**薬指**

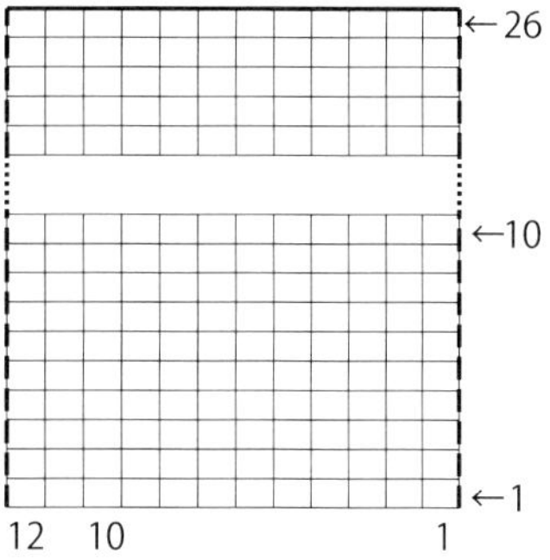
←26
←10
←1
12
10
1

**中指**

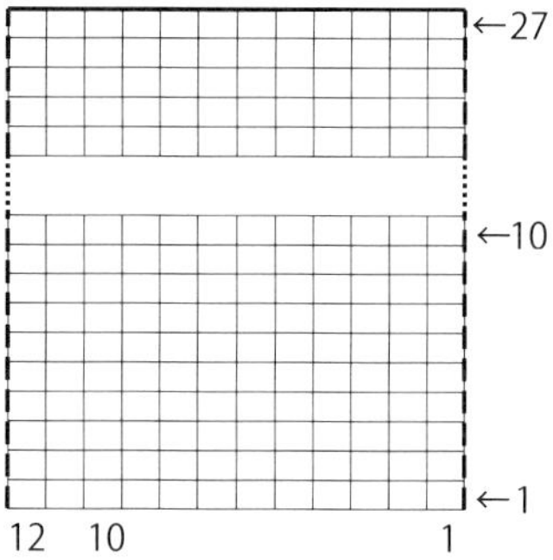
←27
←10
←1
12
10
1

**人差し指**

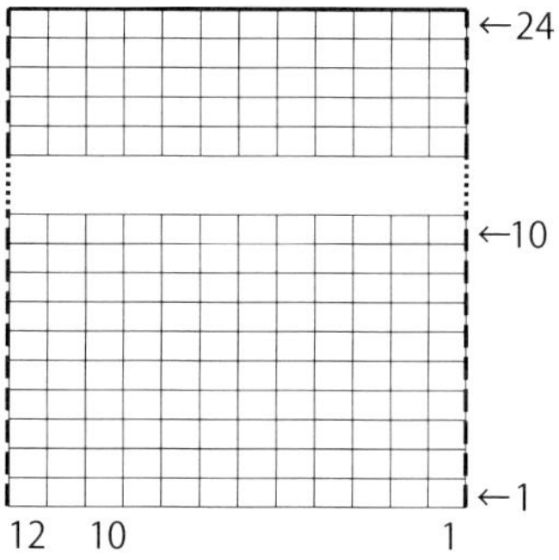
←24
←10
←1
12
10
1

※指の編み終わりは、最終段に糸を通して絞る（5本指とも共通）

□ = Ｉ 表目

● =  かぎ針 3/0号

**右手**

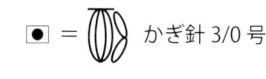

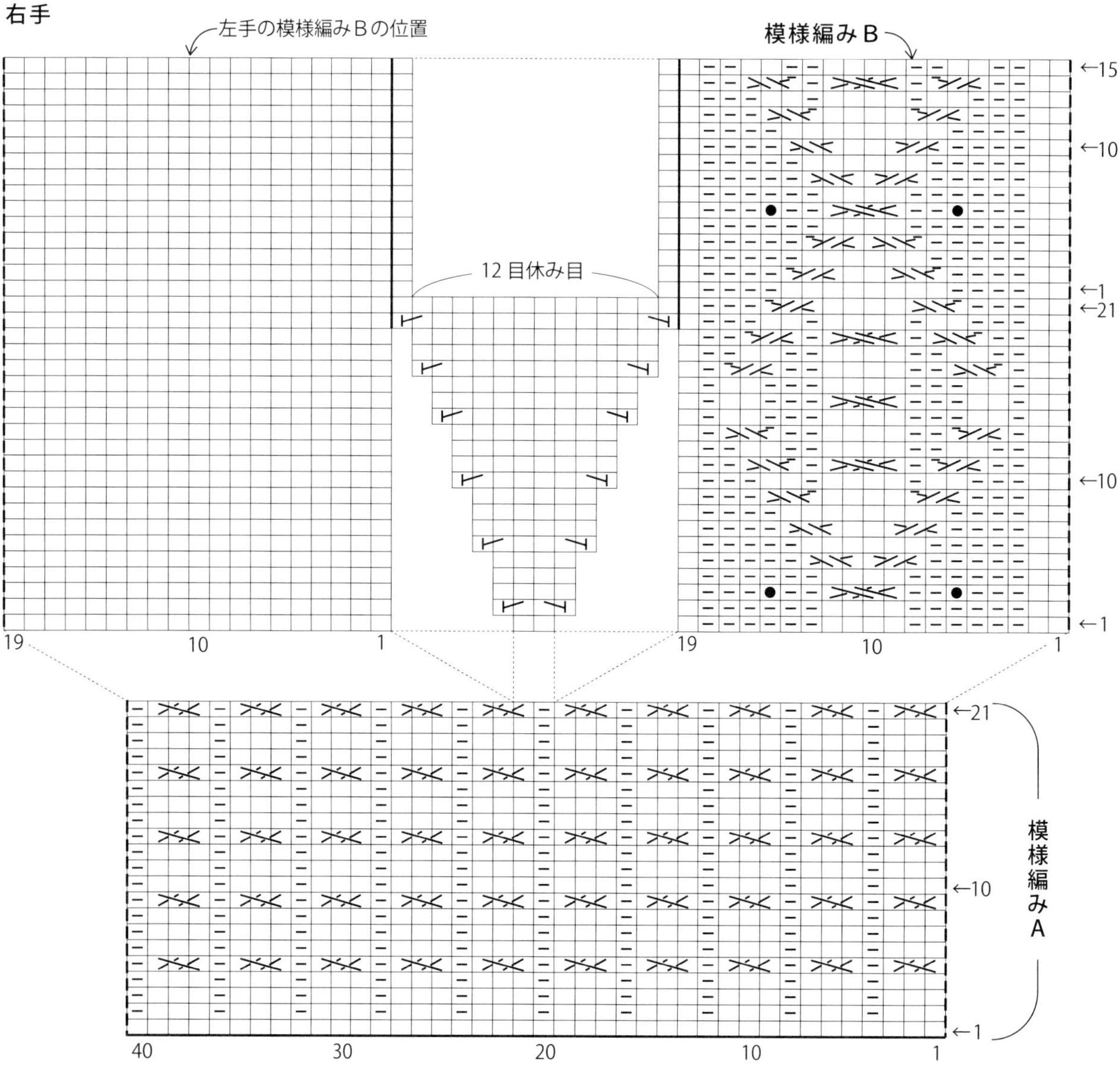
左手の模様編みBの位置
模様編みB
←15
←10
12目休み目
←1
←21
←10
←1
19
10
1
19
10
1
←21
←10
←1
40
30
20
10
1
模様編みA

おまけレシピ-1

# かぎ針編みの手ぶくろ

手ぶくろというと、棒針で編むものというイメージが強いですが、かぎ針でも面白いものが編めます。革グローブを思わせるメンズライクなデザインです。

糸：ハマナカ アメリーエフ《合太》

Size M

## おまけレシピ-1

# かぎ針編みの手ぶくろ

※わかりやすいように糸の色を替えています

### ●小指側から編み始めます

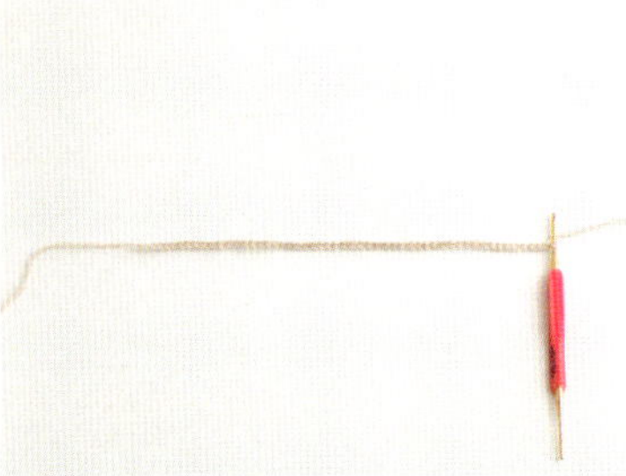

①手のひらのパーツを編みます。くさり編みを52目編みます。縦に編み進むのが特徴です。

②編み図のとおりにこま編みで編んでいきます。

実際はくるんくるんに丸まってしまいますが、ふちを編むと気にならなくなります。編みにくい場合はアイロンをかければまっすぐになります。

③指が分かれるところはくさり編みで作り目をしながら編んでいきます。

④親指の作り目。

⑤続けて人差し指の作り目。

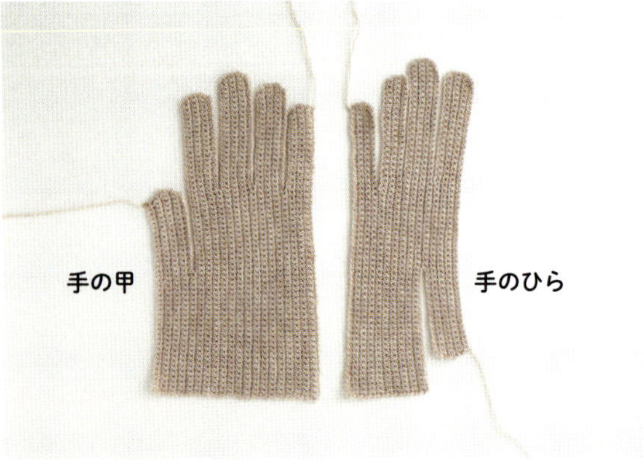
手の甲
手のひら

⑥パーツが編めました。同様にもう１組作りますが、裏表の違いは、ふちを編んでしまうと気にならなくなるので、同じものを編めばOK。ふちを編む時に左右を気をつけるようにしてください。

## ●ふち編みをします

①ふち編み用の糸をつけ、くさりの頭を拾ってこま編みを編みます。表を見ながら編むので、左右に注意。

②親指以外は指の谷間で１目拾い、向かい合った目をそのまま続けて編みます。

③ぐるっと周囲を編んでいきます。手首の部分は残しておきます。

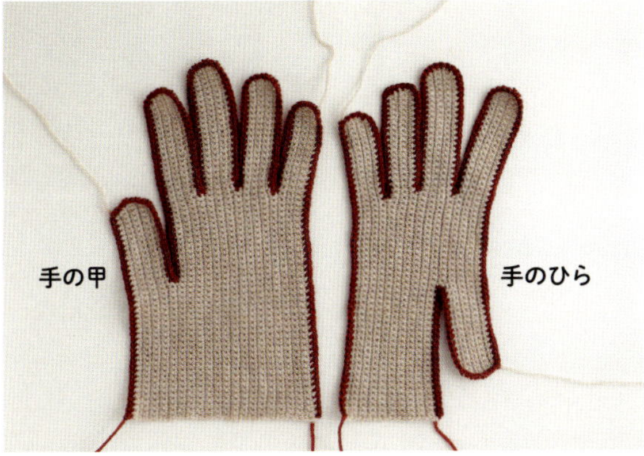
手の甲
手のひら

④右手のパーツが編めました。
左手は左右対称になるようにふち編みをします。

## おまけレシピ-1

### ●引き抜き編みでつなぎます　※わかりやすいように糸の色を替えています

①小指側からスタート。向かい合うくさりの内側半目１本づつに針を入れます。

②針に糸をかけ、引き抜きます。

③引き抜いたところ。

④向かい合う次の目に、同様に針を入れます。

⑤糸をかけて引き抜きます。これを繰り返します。

⑥引き抜きはぎは、編み地と編み地の間にくさり編みの頭がきれいに並びます。

⑦手のひらと手の甲がつながったところ。一筆書きで一度に編めます。

●**手首を編みます** ※わかりやすいように糸の色を替えています

①端の１目に針を入れ、立ち上がり目を１目編み、こま編みを編みます。

②１段につき、１目編みます。

③はぎの部分は２目編みます。１周したら引き抜き編み（糸をかけて引き抜き、編み目をつなぐ）をして次の段を編み、全部で３段編みます。

④できあがりです。糸端は裏で編み地にくぐらせて始末します。左右対称に左手も同様に作ります。

color change

サイズは目数ではなく、かぎ針の号数を変えて調節します。

**Size L**

# おまけレシピ-1 かぎ針編みの手ぶくろ

Photo → P73

【使用糸】
M ハマナカ アメリーエフ《合太》
ベージュ(529)…55g、赤(509)…10g
L ハマナカ アメリーエフ《合太》
こげ茶(519)…60 g 、ベージュ(529)…15g
【用　具】
M かぎ針3/0号、 L かぎ針4/0号
【ゲージ】 (10cm四方)
M 31目32段、 L 27目27段
【できあがりサイズ】図参照

**Point**
くさりの作り目の裏山を拾い、図に従って手のひらと手の甲のパーツを２枚ずつ編みます。手首以外の周囲にこま編みのふち編みを1段編みます。手のひらと手の甲のパーツを組み合わせて、左右の手に合わせて重ね、ふち編みのこま編みの頭の半目同士を拾って、引き抜き編みではぎます。手首回りにこま編みのふち編みを３段編みます。

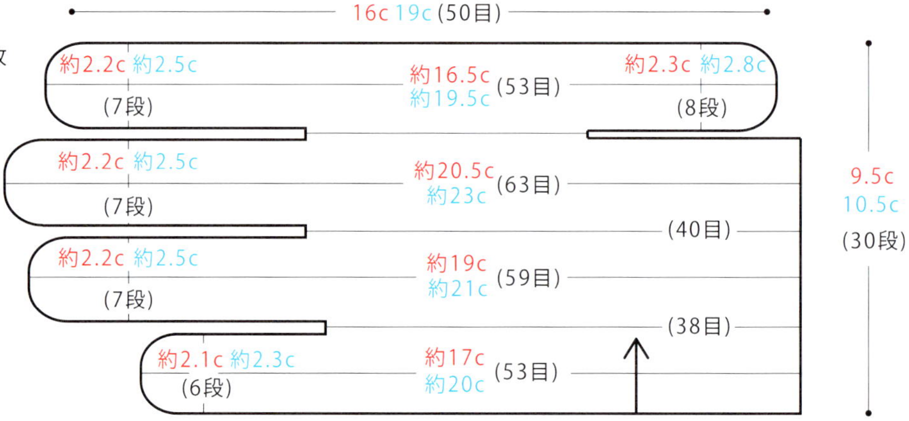
手のひら 2枚
16c 19c (50目)
約2.2c 約2.5c
(7段)
約16.5c 約19.5c (53目)
約2.3c 約2.8c
(8段)
約2.2c 約2.5c
(7段)
約20.5c 約23c (63目)
(40目)
約2.2c 約2.5c
(7段)
約19c 約21c (59目)
(38目)
約2.1c 約2.3c
(6段)
約17c 約20c (53目)
9.5c
10.5c
(30段)
16.5c 19.5c (52目) 作り目

黒＝サイズ共通
M＝赤
L＝青

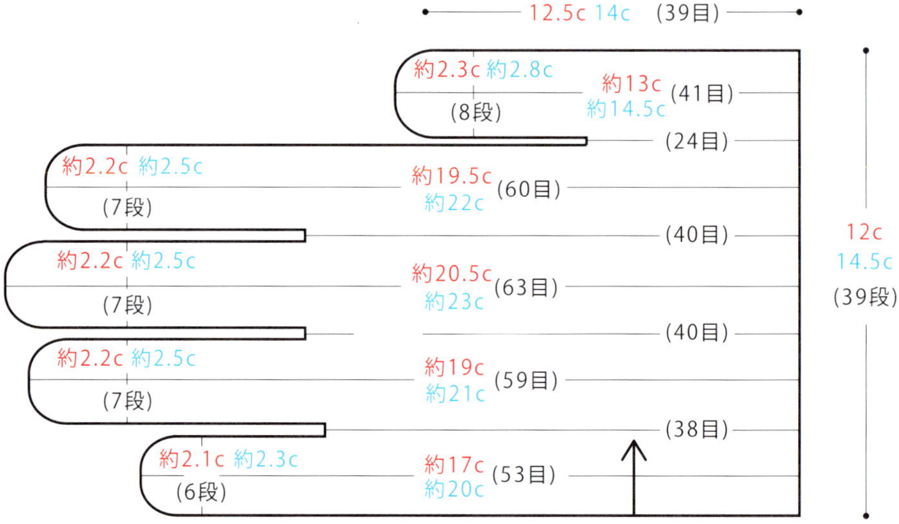
手の甲 2枚
12.5c 14c (39目)
約2.3c 約2.8c
(8段)
約13c 約14.5c (41目)
(24目)
約2.2c 約2.5c
(7段)
約19.5c 約22c (60目)
(40目)
約2.2c 約2.5c
(7段)
約20.5c 約23c (63目)
(40目)
約2.2c 約2.5c
(7段)
約19c 約21c (59目)
(38目)
約2.1c 約2.3c
(6段)
約17c 約20c (53目)
12c
14.5c
(39段)
16.5c 19.5c (52目) 作り目

## ふち編み

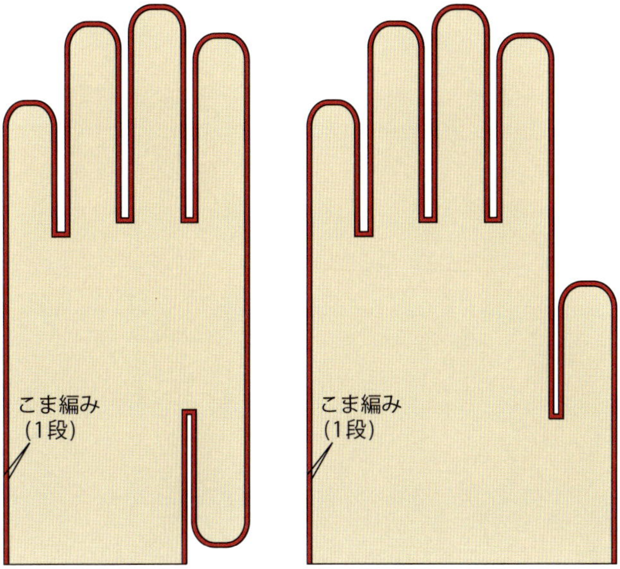
こま編み
(1段)
こま編み
(1段)

手首以外の周囲にこま編み1段を編む

## はぎ合わせ方

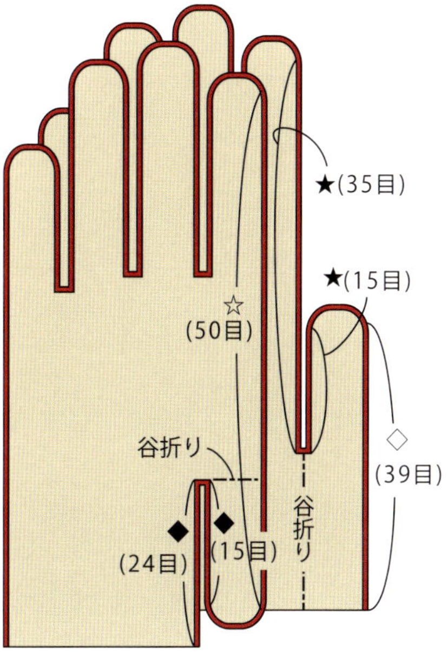
★(35目)
★(15目)
☆
(50目)
◇
(39目)
谷折り
谷折り
◆
◆
(24目)
(15目)

手の甲と手のひらを
左右手ぶくろになるように重ねて、
ふち編みのこま編みの目の半目同士を拾って
引き抜きはぎをする

◆(15+24目)と◇(39目)をはぐ

★(15+35目)と☆(50目)をはぐ

## 左右の重ね方

左手　　右手

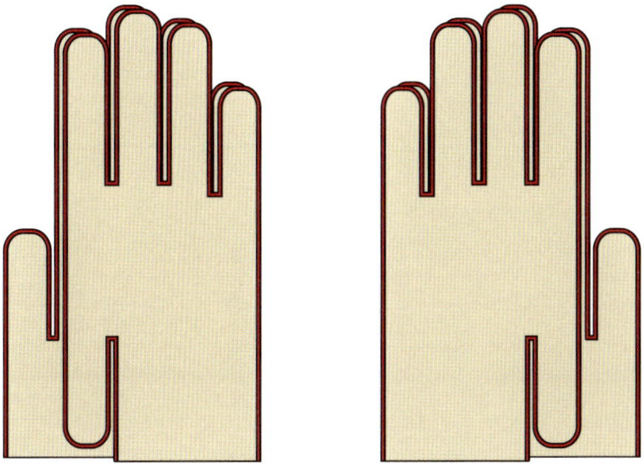

## 手首のふち編み

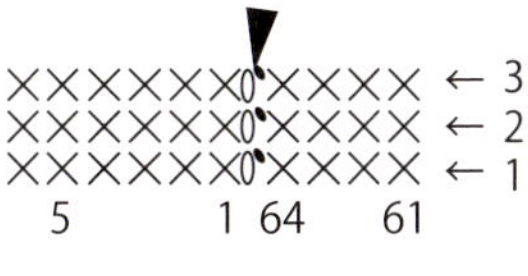
← 3
← 2
← 1
5　1 64　61

► ＝糸を切る

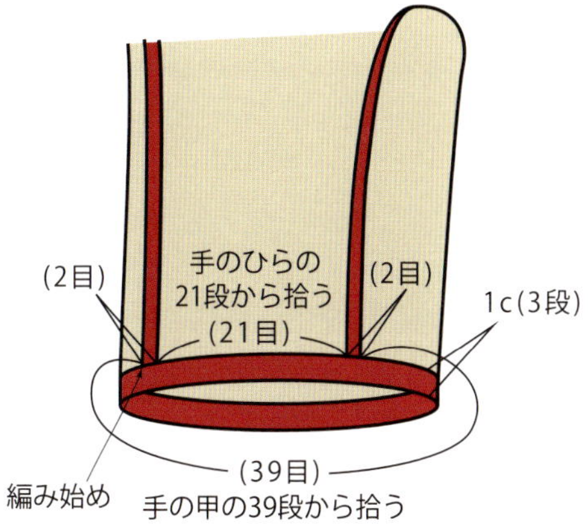
(2目)
手のひらの
21段から拾う
(21目)
(2目)
1c(3段)
(39目)
編み始め
手の甲の39段から拾う
1周で(64目)拾う

## 手の甲

M かぎ針3/0号
L かぎ針4/0号

M…本体・ベージュ
ふち編み・赤

L…本体・こげ茶
ふち編み・ベージュ

▷＝糸をつける
▶＝糸を切る
•＝× ふち編みのこま編み1段の拾い位置

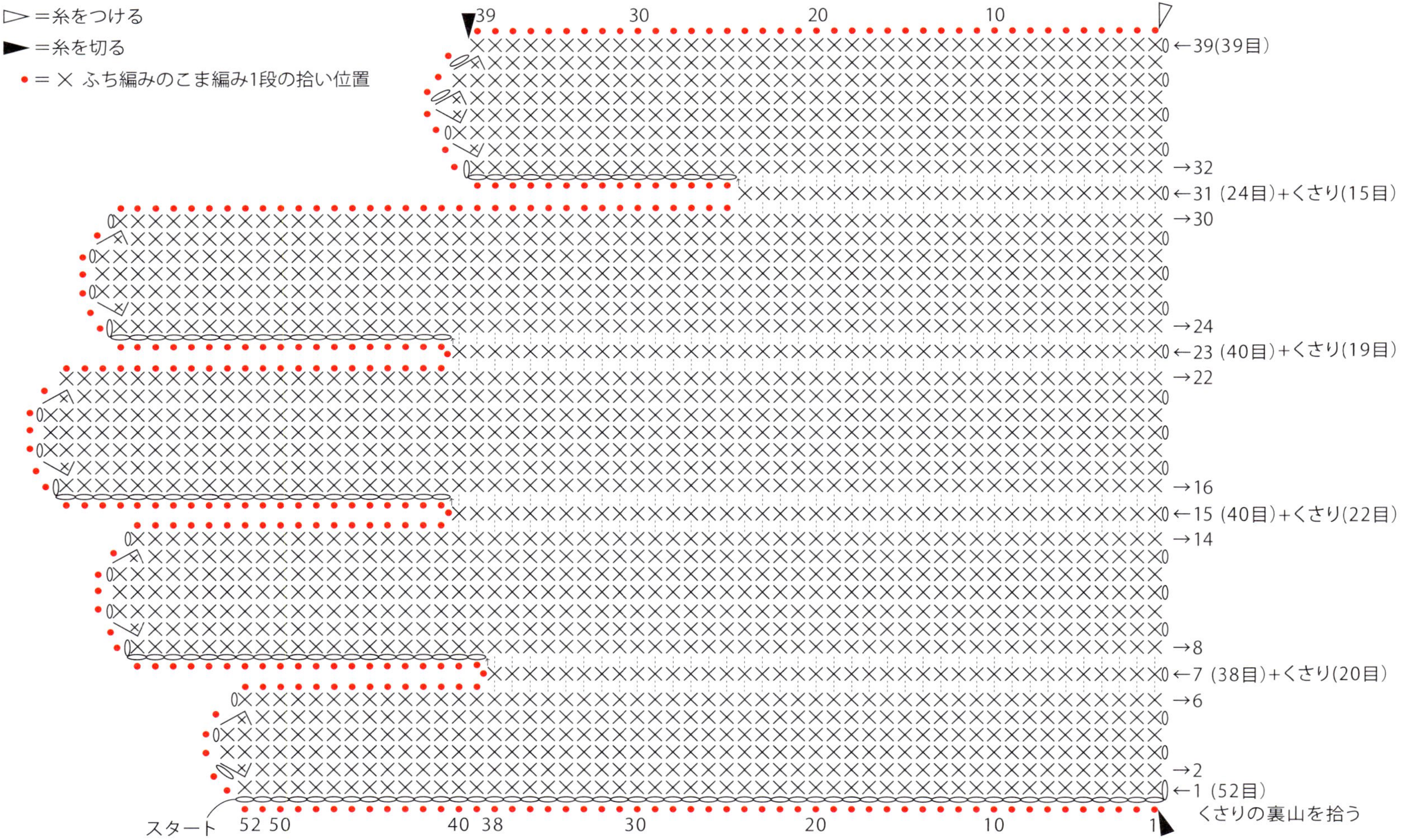

←39(39目)
→32
←31 (24目)+くさり(15目)
→30
→24
←23 (40目)+くさり(19目)
→22
→16
←15 (40目)+くさり(22目)
→14
→8
←7 (38目)+くさり(20目)
→6
→2
←1 (52目)
くさりの裏山を拾う
スタート
39 30 20 10
52 50 40 38 30 20 10 1

## 手のひら

M かぎ針3/0号
L かぎ針4/0号

▷＝糸をつける
▶＝糸を切る
•＝× ふち編みのこま編み1段の拾い位置

M…本体・ベージュ
　ふち編み・赤

L…本体・こげ茶
　ふち編み・ベージュ

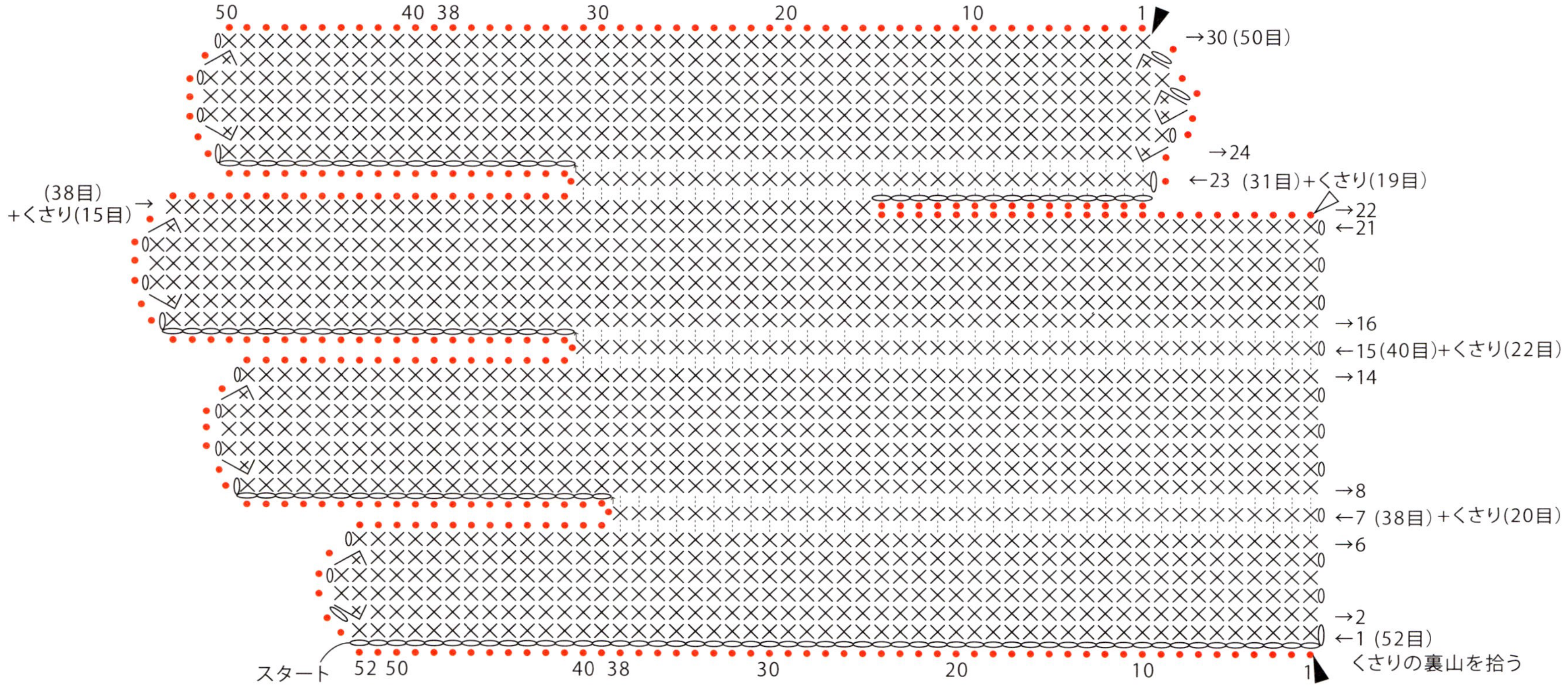
50
40 38
30
20
10
1
→30(50目)
→24
←23 (31目)+くさり(19目)
(38目)
+くさり(15目)→
→22
←21
→16
←15(40目)+くさり(22目)
→14
→8
←7 (38目)+くさり(20目)
→6
→2
←1 (52目)
くさりの裏山を拾う
スタート
52 50
40 38
30
20
10
1

おまけレシピ-2

# 5本指の靴下

5本指手ぶくろを応用すれば、靴下だって編めてしまいます。
指のつけかたは同じなので、あとはかかとの編み方をマスターしましょう。

カントリー風でかわいらしい編み込み模様（左）と、カジュアルに
コーディネートできるボーダー柄（右）。編み方はどちらも同じです。

糸：ハマナカ コロポックル

おまけレシピ-2

# 5本指の靴下（Mサイズ）

※わかりやすいように工程ごとに糸の色を替えています

## ●かかとの前半（減らし目）を編みます

かかと部分
24目

①はき口から編み始めます。指でかける作り目を48目作り、１目ゴム編みを18段編みます。足首を42段編みます。かかと部分24目を残して後は休めておきます。

②かかと部分は往復で編みます。１目めを左上２目一度に編みます。

③２目一度に編んだ前段の目（２目重なったところ）に段目リングをつけておきます。後でこの目を拾うので目印になります。

④続けて表目で編み、最後の２目は右上２目一度に編みます。同様にリングを前段の２目重なった目につけておきます。裏に返し、２段めを裏目で編みます。

⑤３段めの端の目も左上２目一度に編み、同様にリングをつけます。同じように表目の両端で減らし目、裏目は増減なしで編んでいきます。

12目

⑥かかとの半分が編めたところ。２目ずつ６回減らしたので、全部で12目が針にかかっています。

## ●かかとの後半（増し目）を編みます

①端の１目はすべり目（編まずに右の針に移動すること）にします。

②表目で１段編みます。

③リングがかかっている２目重なった目を左の針にとります。

④③の２目を一度に表目に編んでリングをはずします。これで１目増えました。

⑤裏に返します。１目めをすべり目にします。

⑥針にかかっている目を裏目で１段編みます。

⑦リングがかかっている２目重なった目を左の針にとります。

⑧⑦の２目を一度に裏目に編んでリングをはずします。これで１目増えました。表に返し、すべり目→１段編む→リングのついた２目を編む、を繰り返して目を増やしていきます。

## ●指のつけ根までを編みます

かかと部分
24目

①かかとが編めたところ。針にかかっている目は24目に戻っています。

②色を替える場合は新しい糸をつけ、かかと側と甲側を続けて編みます。

③そのまま増減なしに指のつけ根まで表目で編みます。

④指のつけ根で増し目をして5本の指を編みます。編み方はP11～12を参照し、親指から順に編みます。指の間は3目ずつ拾います（P12小指の編み出し参照）。

編み込み模様は、編み図どおりに配色しながら模様を編んでいきます（編み込みのコツはP31参照）。

## おまけレシピ-2 5本指の靴下

Photo → P82

【使用糸】M、( )はLサイズ
(ボーダー) ハマナカ コロポックル
白(1)…15(20)g、紺(17)…40(50)g、グレー(14)…25(35) g
(編み込み) ハマナカ コロポックル
こげ茶 (23) …30 (35) g 、黄色(5)…25 (35) g、
赤(7)…10(15) g、水色 (21) …15(20) g
【用　具】4号4本針 (短) または輪針
【ゲージ】
(10cm四方) 模様編み・メリヤス編み　27目34段
【できあがりサイズ】図参照

**Point**
指でかける作り目をして輪にし、1目ゴム編みで足首を編み、図を参照して編みます。かかと部分は、全体の半分の目数で図を参照してかかとを編み、残り半分は目を休めておきます。かかとが編めたら、休めておいた目を拾い、元の目数にして、足の甲と底部分を編みます。指先を編む前に増し目をして目数調整をし、5本指をそれぞれ編みます。

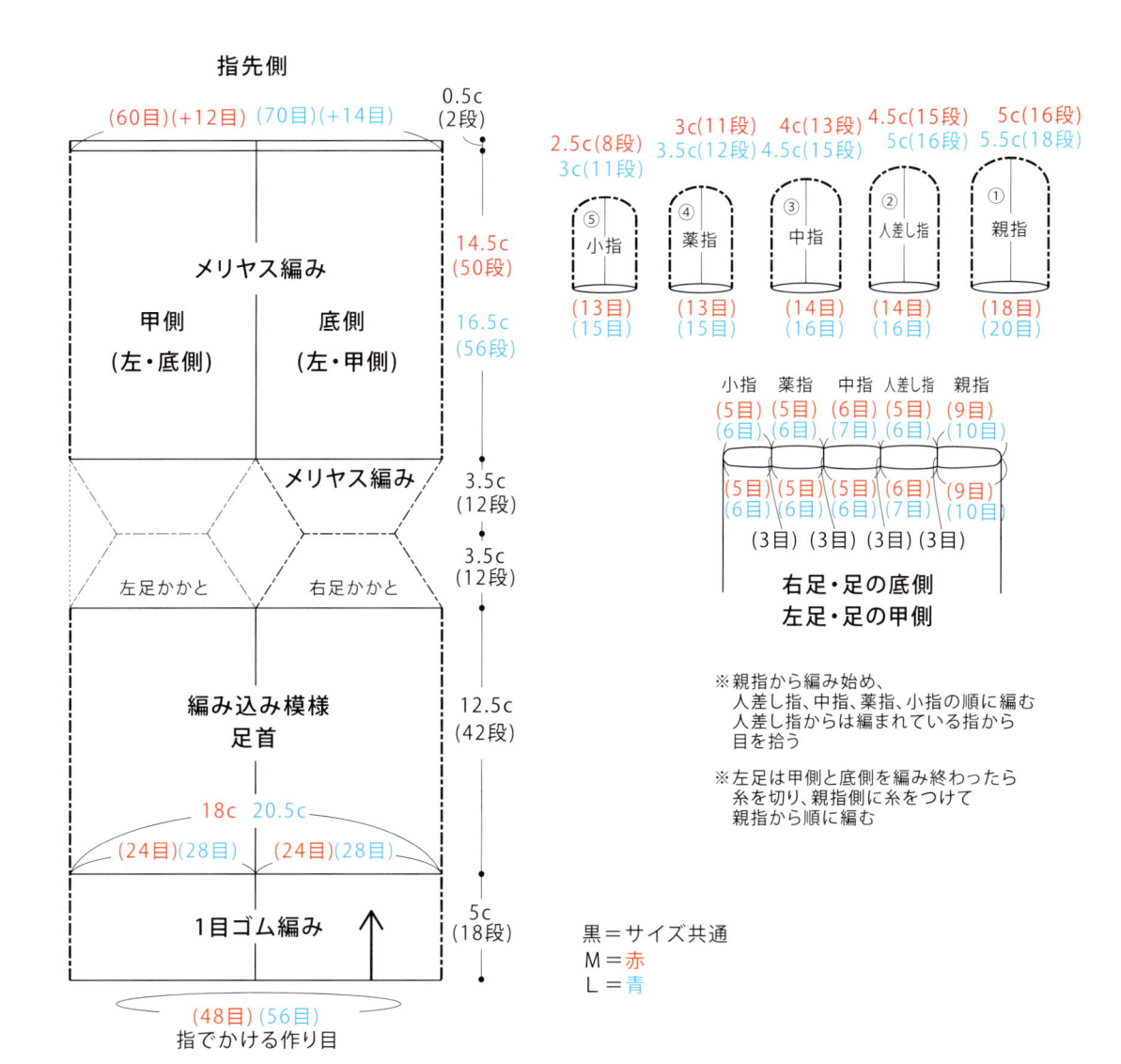

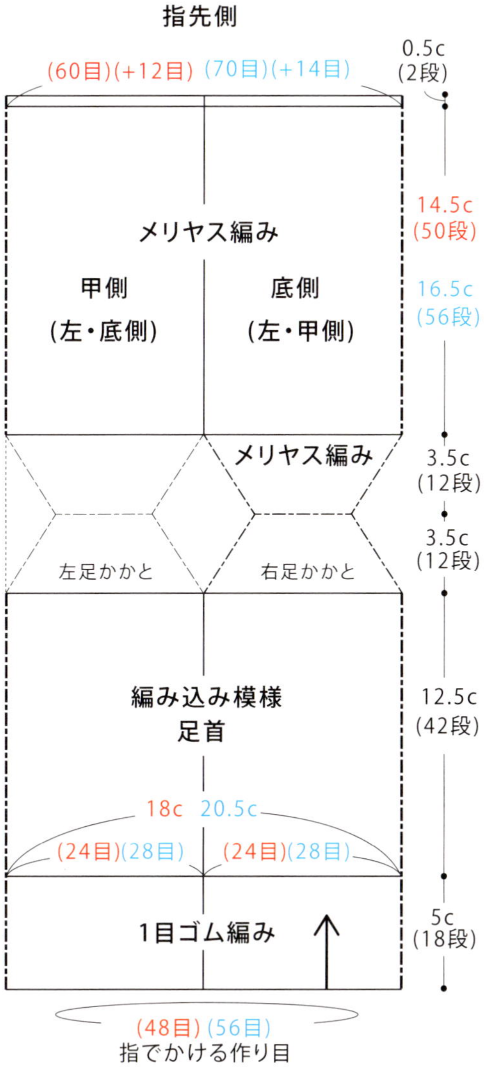

指先側
(60目)(+12目) (70目)(+14目)
0.5c (2段)
メリヤス編み
甲側 (左・底側)
底側 (左・甲側)
14.5c (50段)
16.5c (56段)
メリヤス編み
3.5c (12段)
3.5c (12段)
左足かかと
右足かかと
編み込み模様
足首
12.5c (42段)
18c 20.5c
(24目)(28目) (24目)(28目)
1目ゴム編み
5c (18段)
(48目) (56目)
指でかける作り目


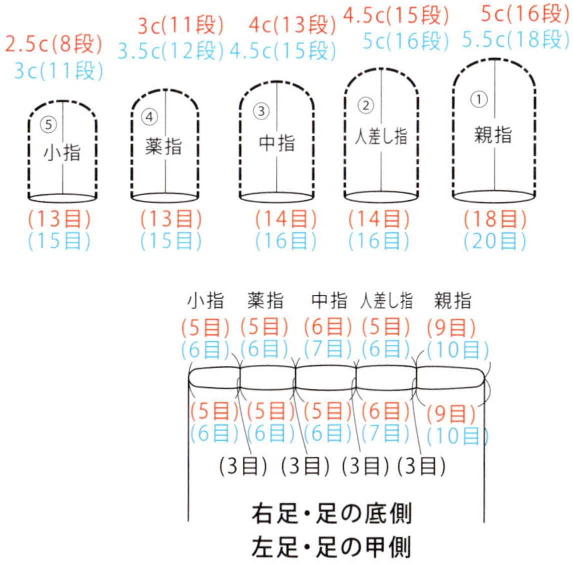

2.5c(8段) 3c(11段)
3c(11段) 3.5c(12段)
4c(13段) 4.5c(15段)
4.5c(15段) 5c(16段)
5c(16段) 5.5c(18段)
⑤ 小指
④ 薬指
③ 中指
② 人差し指
① 親指
(13目)(15目)
(13目)(15目)
(14目)(16目)
(14目)(16目)
(18目)(20目)
小指 薬指 中指 人差し指 親指
(5目) (5目) (6目) (5目) (9目)
(6目) (6目) (7目) (6目) (10目)
(5目) (5目) (5目) (6目) (9目)
(6目) (6目) (6目) (7目) (10目)
(3目) (3目) (3目) (3目)
右足・足の底側
左足・足の甲側


※親指から編み始め、
人差し指、中指、薬指、小指の順に編む
人差し指からは編まれている指から
目を拾う

※左足は甲側と底側を編み終わったら
糸を切り、親指側に糸をつけて
親指から順に編む

黒＝サイズ共通
M＝赤
L＝青

p.89へ続く

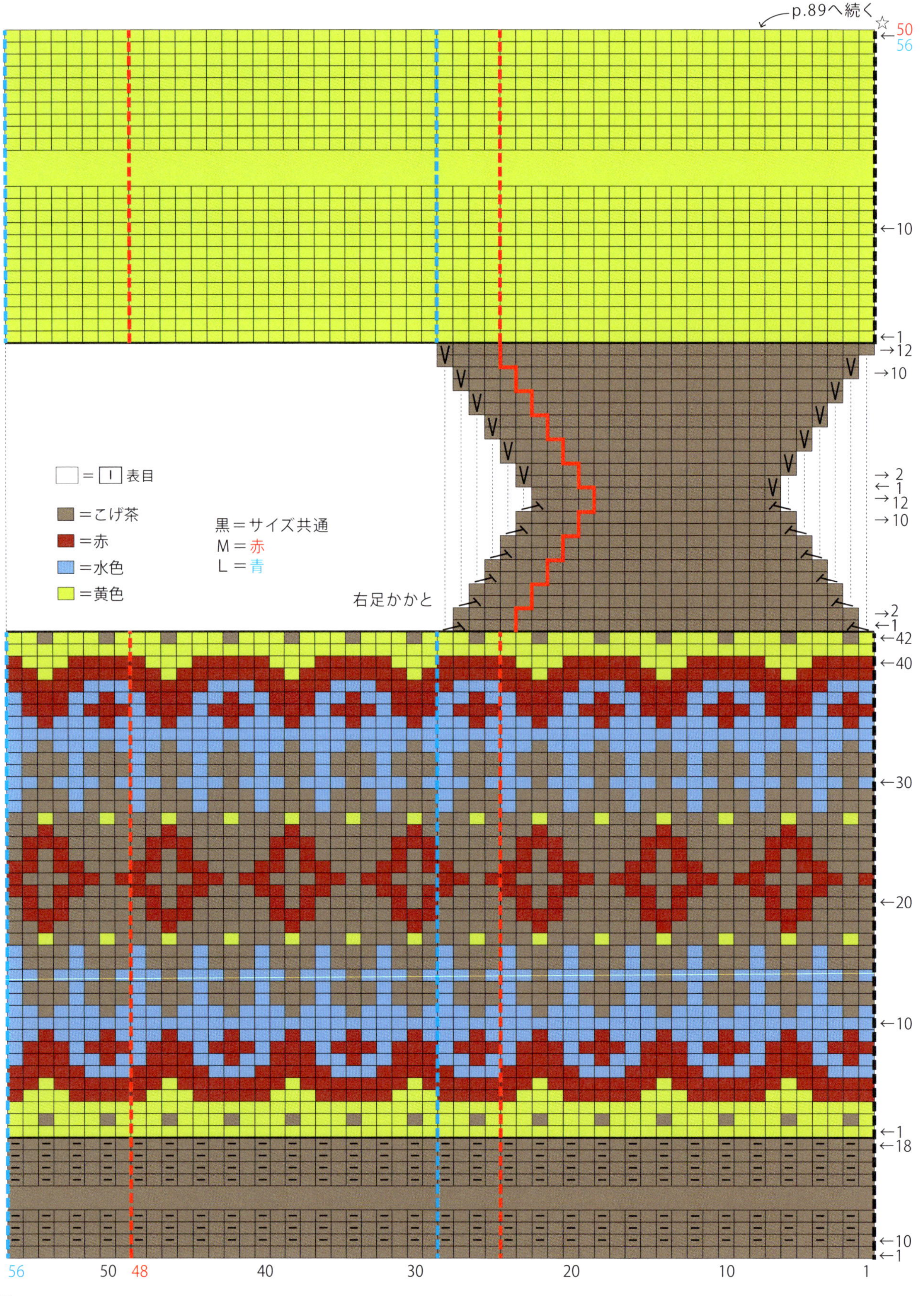
☆
50
56
←10
←1
→12
→10
→2
←1
→12
→10
→2
←1
←42
←40
←30
←20
←10
←1
←18
←10
←1
56
50
48
40
30
20
10
1
右足かかと

□＝[I] 表目

■＝こげ茶
■＝赤
■＝水色
■＝黄色

黒＝サイズ共通
M＝赤
L＝青

### 中指

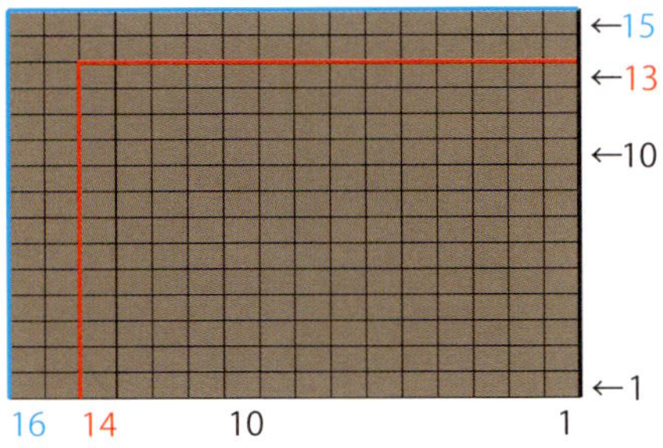
←15
←13
←10
←1
16
14
10
1

### 人差し指

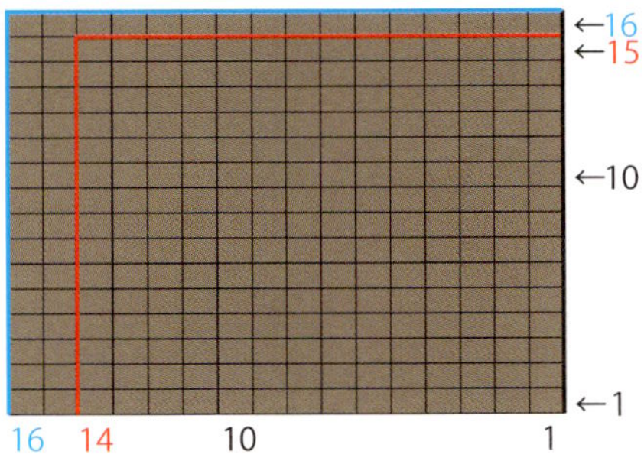
←16
←15
←10
←1
16
14
10
1

### 親指

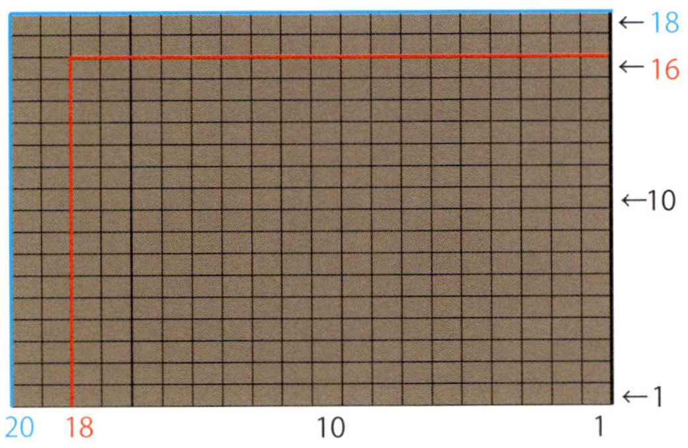
←18
←16
←10
←1
20
18
10
1

### 小指

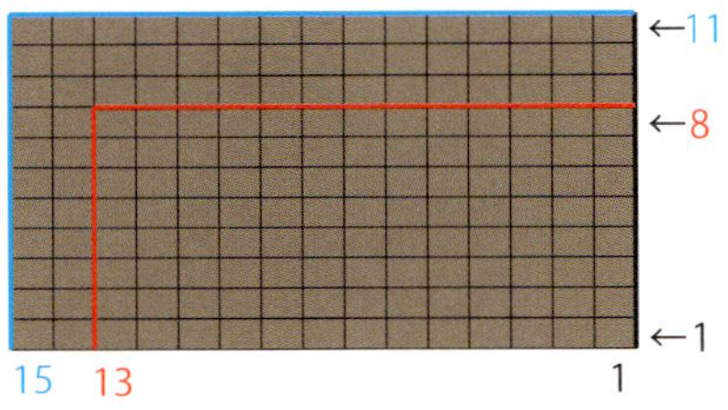
←11
←8
←1
15
13
1

### 薬指

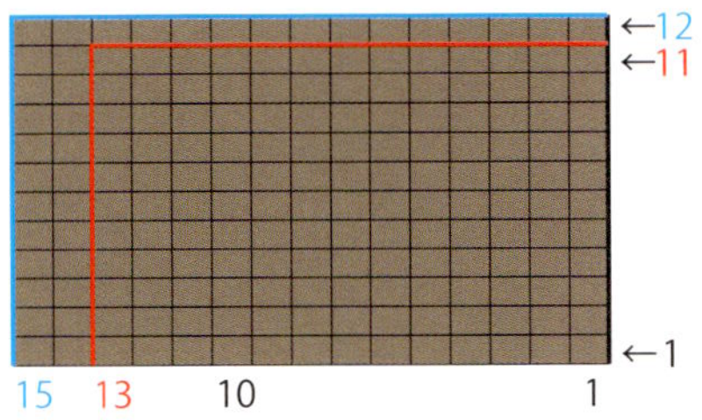
←12
←11
←1
15
13
10
1

※指の編み終わりは、最終段に糸を通して絞る（5 本指とも共通）

□＝Ｉ 表目

黒＝サイズ共通
M＝赤
L＝青

■＝こげ茶（グレー）
■＝黄色（紺）

足の甲を50段・56段編み、指先に入る手前の2段で12目・14目増し目をする

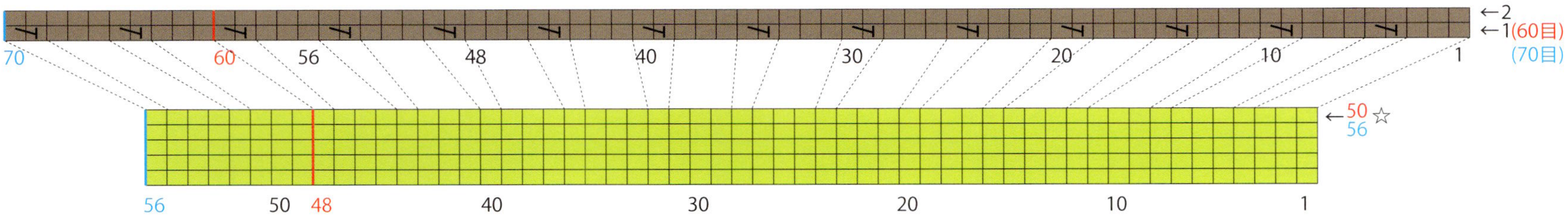
←2
←1(60目)
(70目)
70
60
56
48
40
30
20
10
1
←50 ☆
56
56
50
48
40
30
20
10
1

p.89へ続く

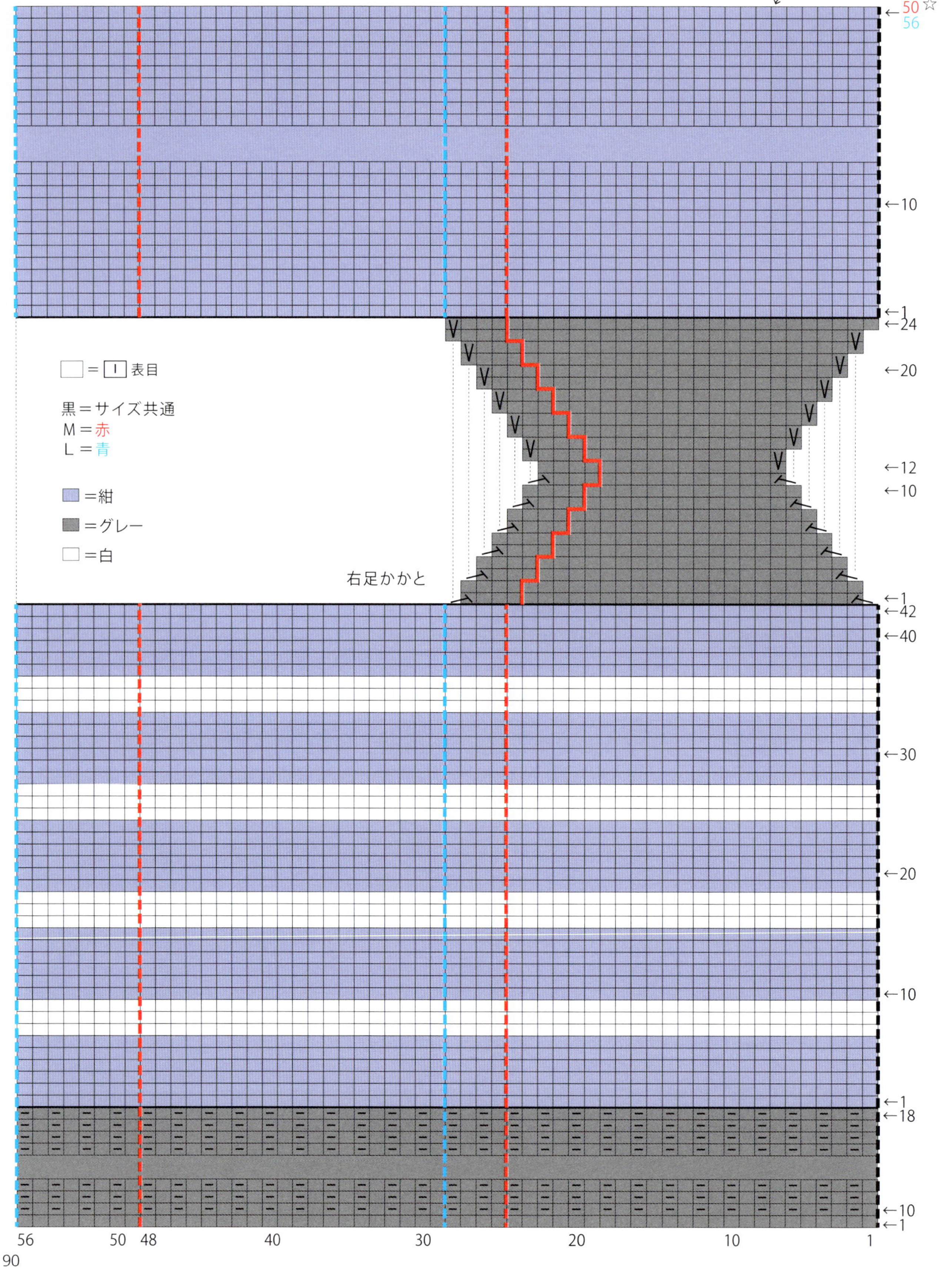
50☆
56
10
1
24
20
12
10
1
42
40
30
20
10
1
18
10
1
56
50
48
40
30
20
10
1
□＝I 表目
黒＝サイズ共通
M＝赤
L＝青
＝紺
＝グレー
＝白
右足かかと

# 編み目記号と編み方

編み地は実際の作品と違うことがあります。
詳しい作り方は各作品の作り方を参照してください。

## 棒針

### ◆指でかける作り目

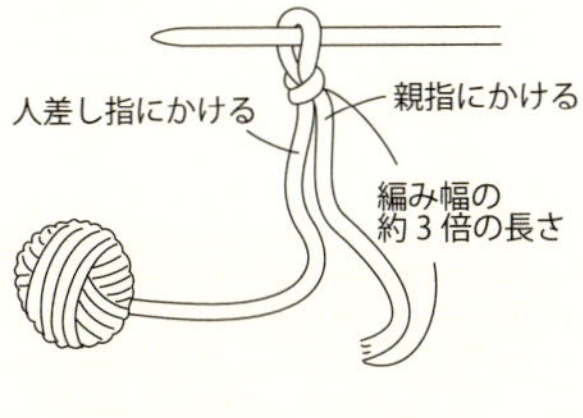
人差し指にかける
親指にかける
編み幅の
約3倍の長さ

①棒針2本で作ることもありますが、ここでは1本でゆるめに作ります。これが1目め。

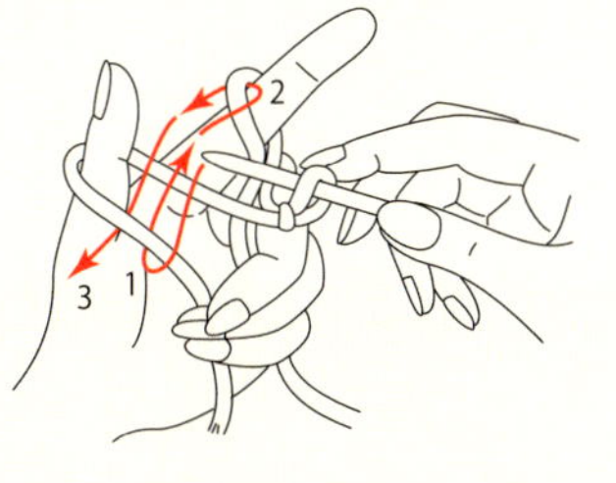
2
3
1

②左手の人差し指と親指に糸をかけ、右手の棒針で矢印のように糸をかけます。

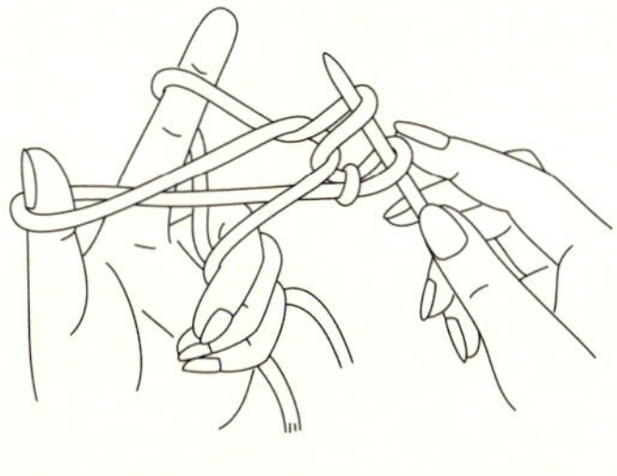

③糸を引き出したら、左手親指にかかっている糸をはずします。

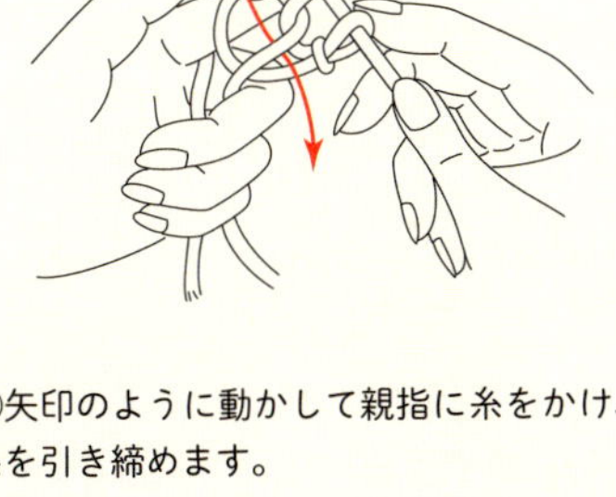

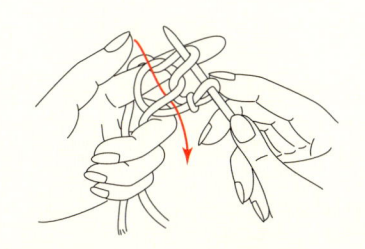

④矢印のように動かして親指に糸をかけ、糸を引き締めます。

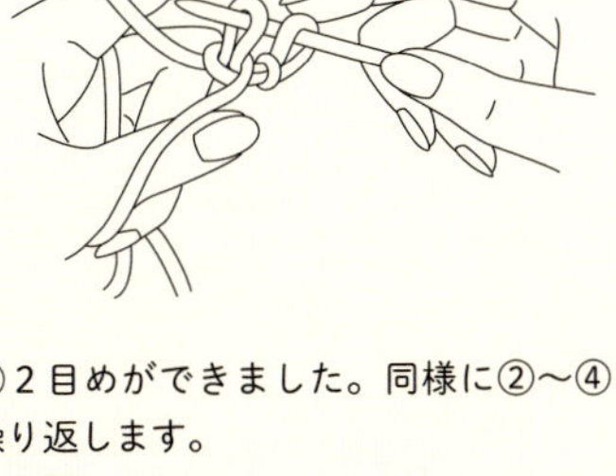

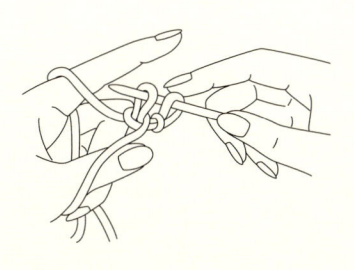

⑤2目めができました。同様に②〜④を繰り返します。

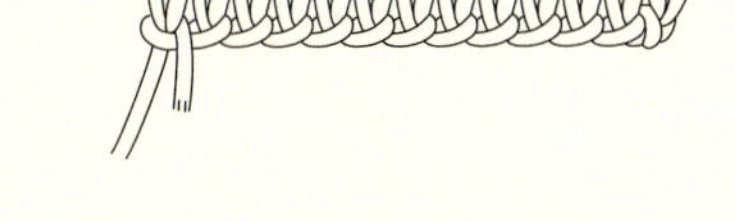

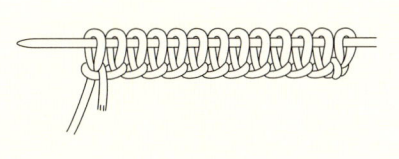

⑥必要な目数になったらできあがり。

## ◆表目 ｜

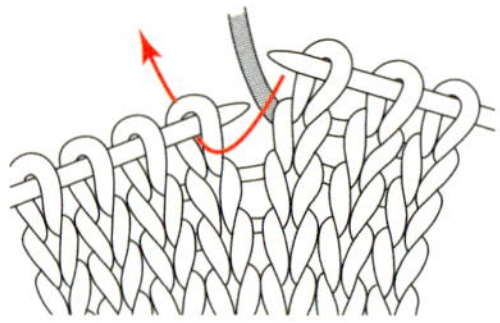

①糸を向こうに置き、左針の目に右針を手前から入れます。

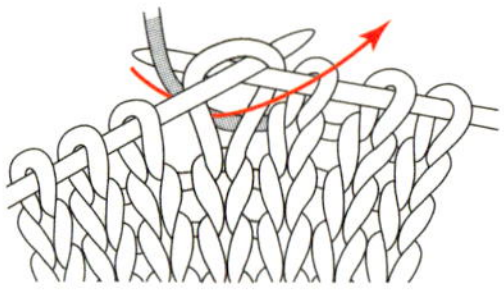

②糸をかけ、手前に引き出します。

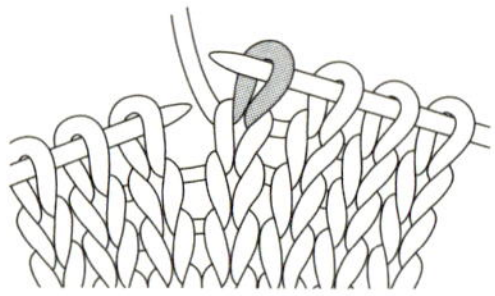

③表目が１目編めました。

## ◆裏目 —

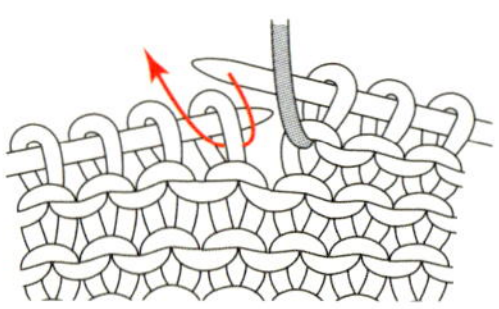

①糸を手前に置き、左針の目に右針を向こうから入れます。

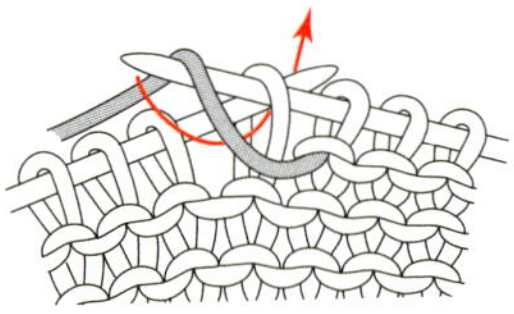

②糸をかけ、向こうに引き出します。

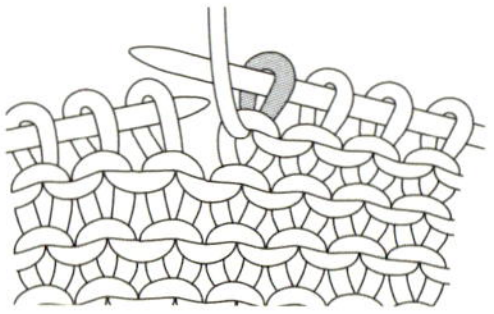

③裏目が１目編めました。

## ◆伏せ止め ●

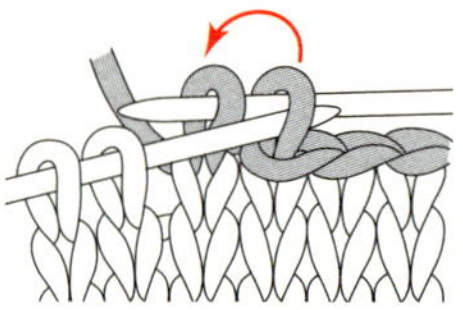

①まず表目を２目編み、左の針を使って、右の目を左の目にかぶせます。次に表目を１目編み、同様にかぶせます。これを繰り返して、目を伏せていきます。

## ◆右上２目一度（表目）

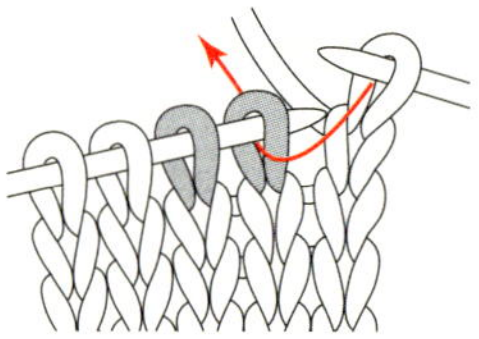

①１目めに手前から針を入れ、右の針に目を移します。

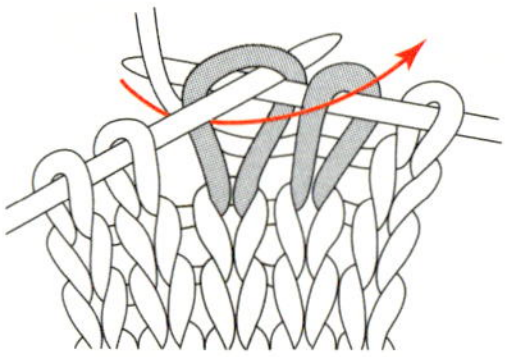

②２目めに手前から針を入れ、表目を編みます。

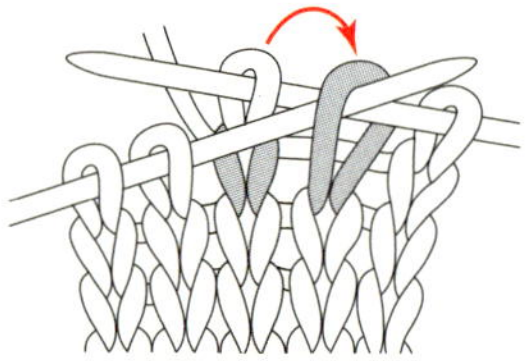

③左の針を使って、１目めを２目めにかぶせます。

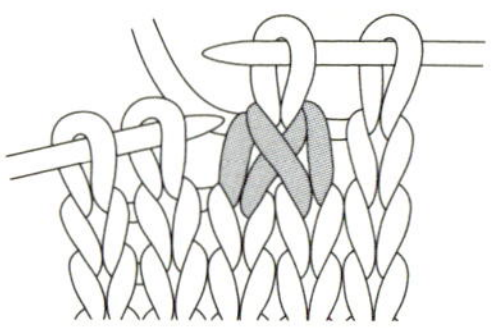

④２目一度ができて、１目減ったところ。

## ◆左上２目一度（表目）

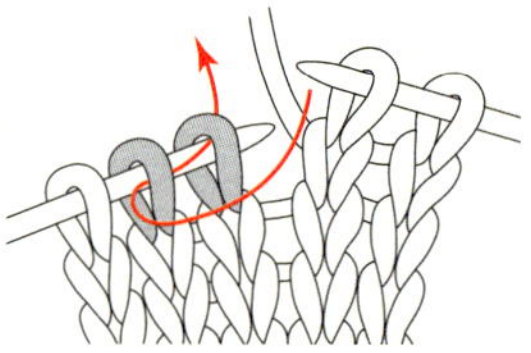

①手前から２目いっぺんに針を入れます。

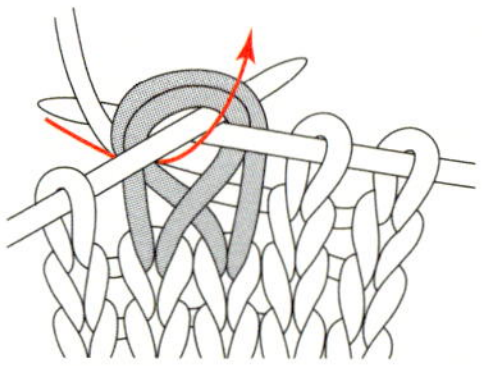

②糸をかけて引き出し、２目を一度に表目を編みます。

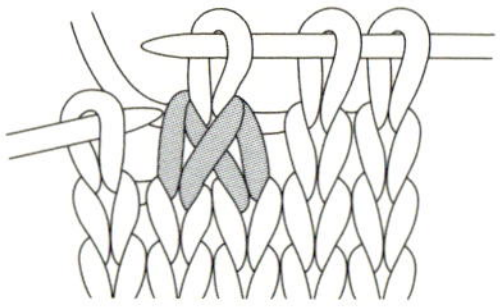

③２目一度ができて、１目減ったところ。右上２目一度とは、目の重なり方が逆になっています。

## ◆右増し目（表目）

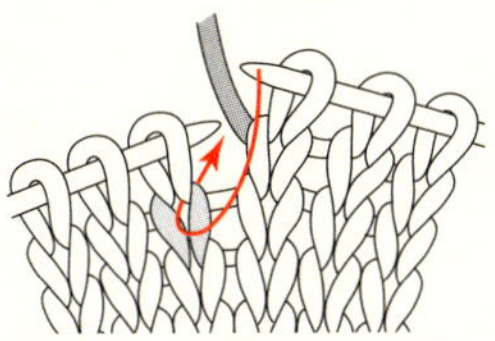

①増す目の前段の目に手前から針を入れ、左の針に移します。

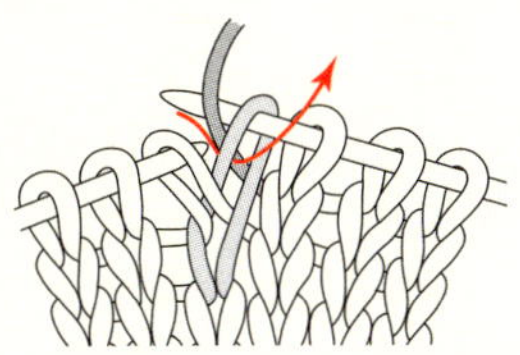

②①の目に手前から針を入れ、表目を編みます。

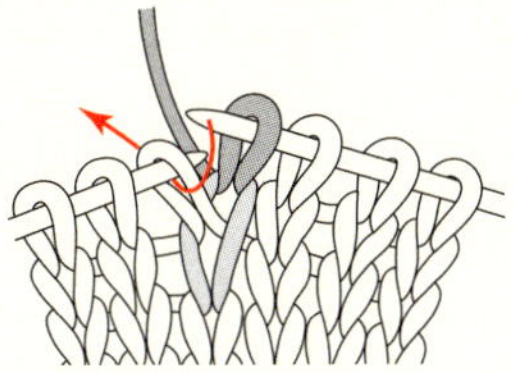

③次の目を表目で編みます。

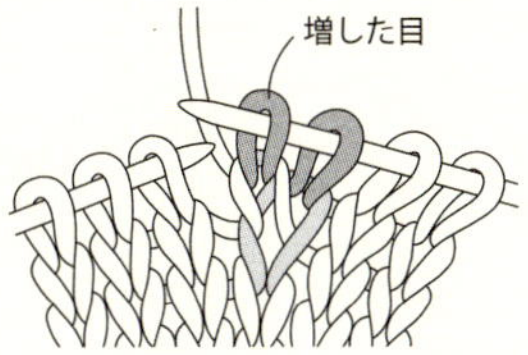
増した目

④１目増えました。

## ◆左増し目（表目）

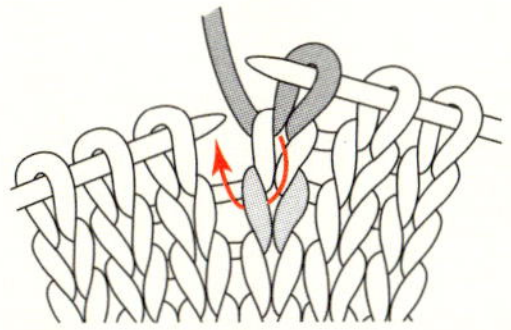

①増す目を表目に編み、その前段の目に針を入れ、引き上げます。

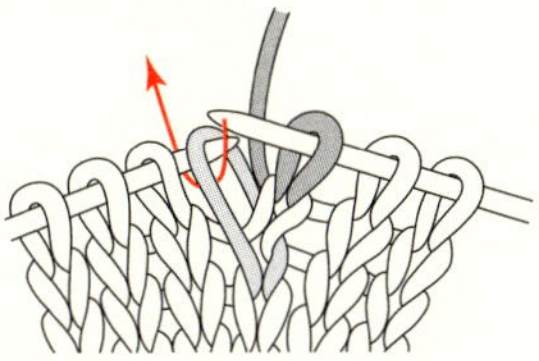

②引き上げた目に手前から針を入れます。

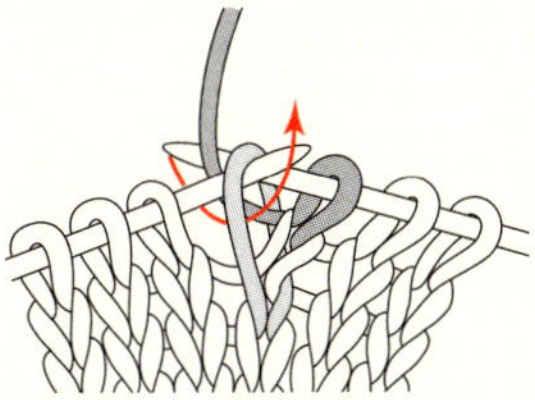

③糸をかけて表目を編みます。

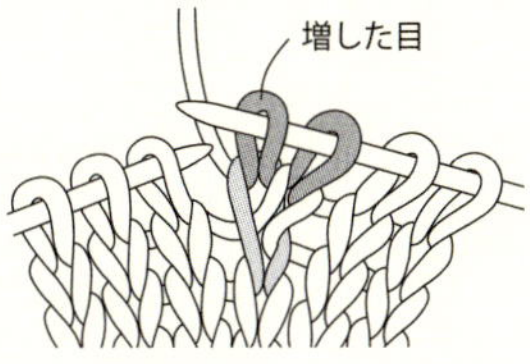
増した目

④１目増えました。

## ◆右上３目交差（２目）

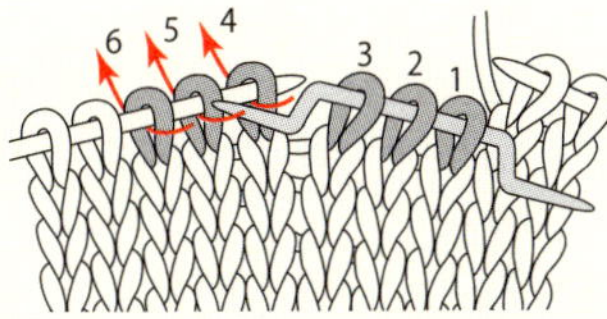
6
5
4
3
2
1

①上になる３目をなわ編み針に移して手前に置き、次の３目を表目で編みます。

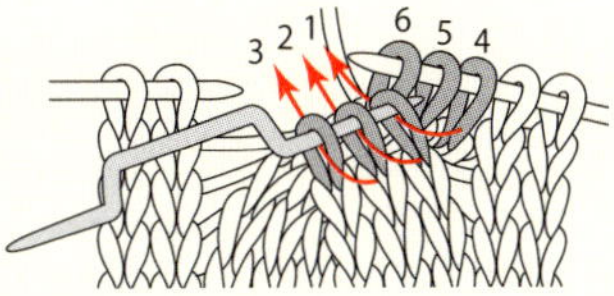
3
2
1
6
5
4

②なわ編み針にかかっている３目を表目で編みます。

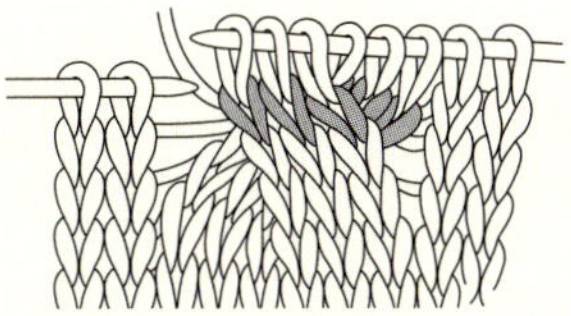

③右上３目交差ができたところ。２目交差の場合は、同様に２目なわ編み針にかけ、続けて２目を編んで交差させます。

## ◆左上３目交差

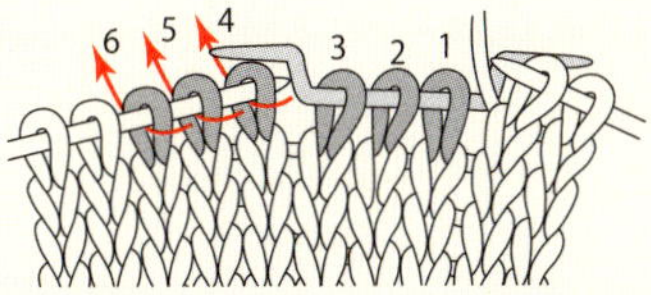
6
5
4
3
2
1

①下になる３目をなわ編み針に移して編み地の向こうに置き、次の３目を表目で編みます。

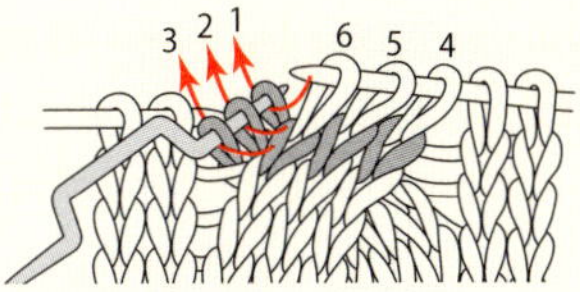
3
2
1
6
5
4

②なわ編み針にかかっている３目を表目で編みます。

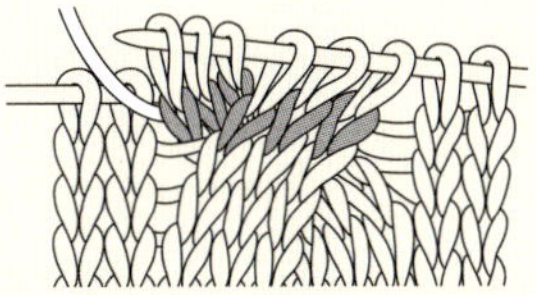

③左上３目交差ができたところ。右上３目交差とは、重なりが逆になります。

### ◆1目と2目の右上交差 

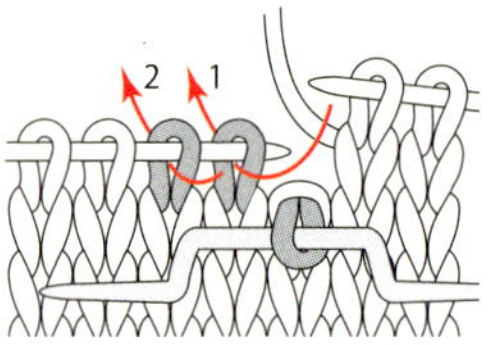

①１目をなわ編み針にかけ、手前に置きます。

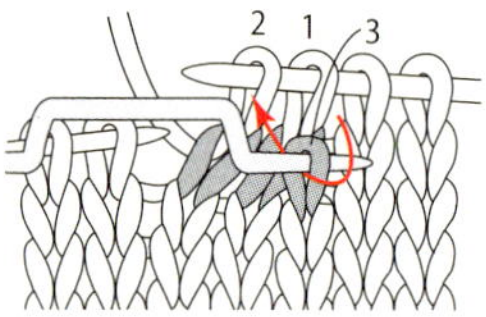

②次の１目め、２目めを表目で編みます。

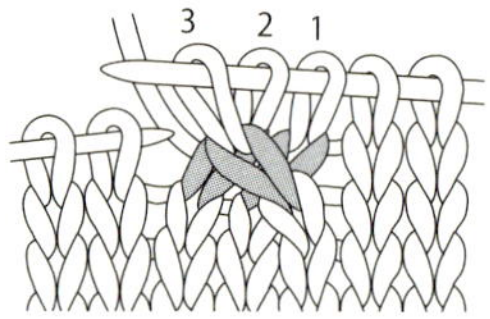

③なわ編み針にかかってい１目を表目で編みます。１目と２目の右上交差が編めました。

### ◆2目と裏1目の右上交差 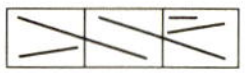

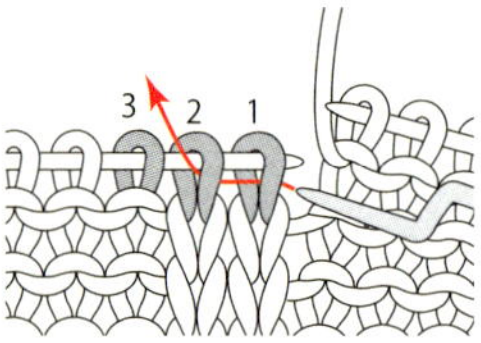

①２目をなわ編み針にかけ、手前に置きます。

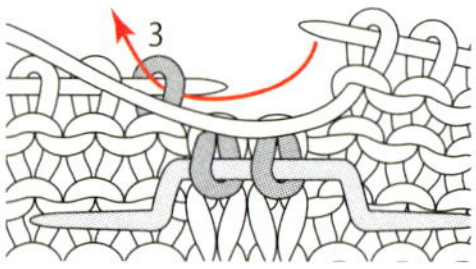

②３目めを裏目で編みます。

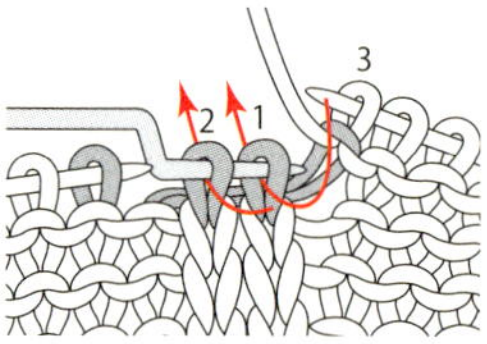

③なわ編み針にかかっている２目を表目で編みます。

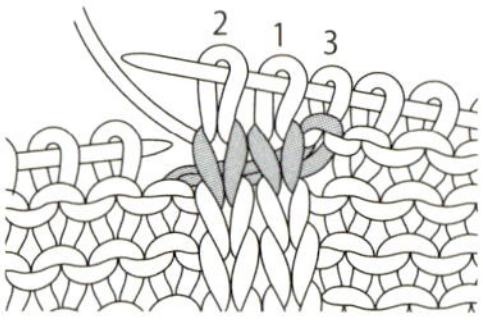

④２目と裏１目の右上交差が編めました。

### ◆2目と裏1目の左上交差 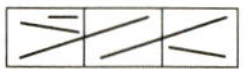

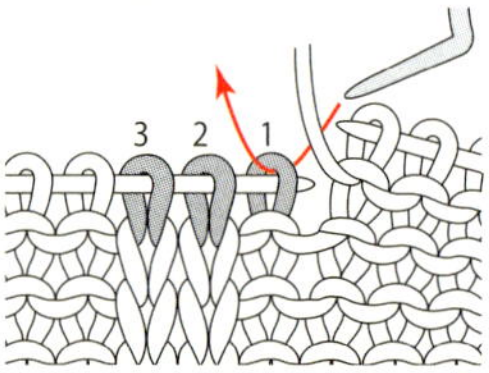

①１目をなわ編み針にかけ、向こうに置きます。

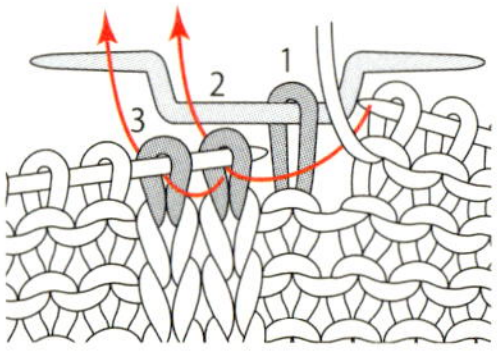

②２目め、３目めを表目で編みます。

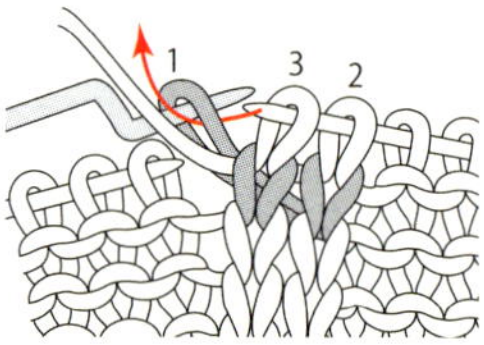

③なわ編み針にかかっている目を裏目で編みます。

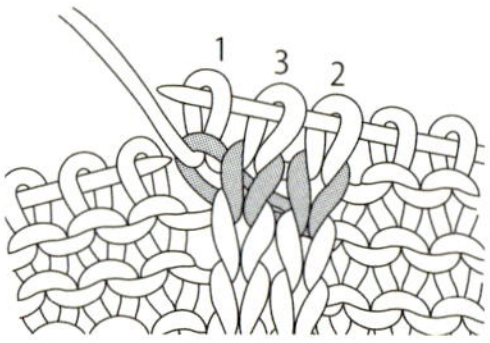

④２目と裏１目左上交差が編めました。

### ◆すべり目 

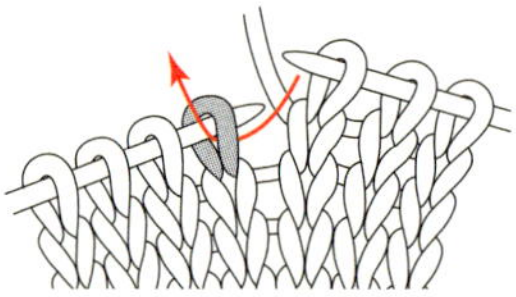

①糸を向こうに置き、矢印のように針を入れ、目を右の針に移します。

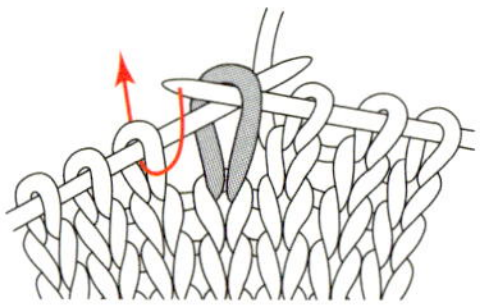

②次の目を表目で編みます。

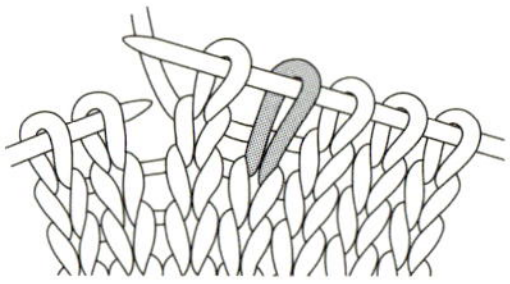

③すべり目が編めたところ。裏側に糸が渡っています。

### ◆かけ目 

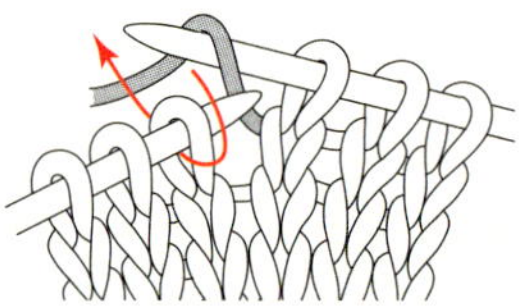

①右の針に図のように糸をかけます。次の目を表目に編みます。

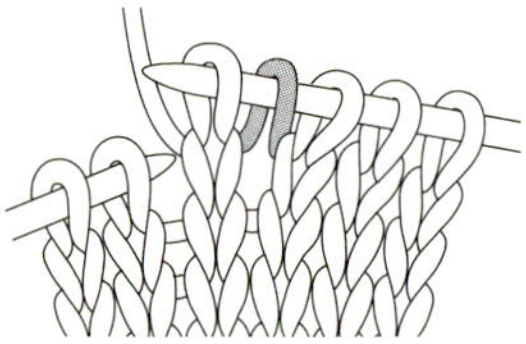

②かけ目ができたところ。

## かぎ針

### ◆くさり編み

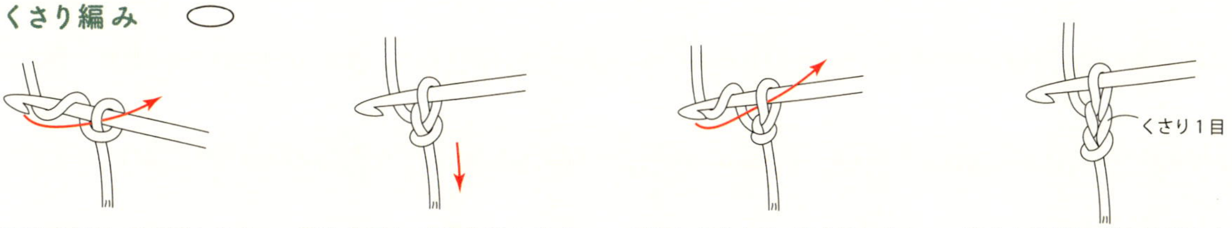
くさり１目

①針に糸をかけ、引き出します。

②糸を引いて引き締めます。これは１目には数えません。

③針に糸をかけ、引き出します。

④くさり編みが１目編めました。同様に繰り返します。

### ◆こま編み

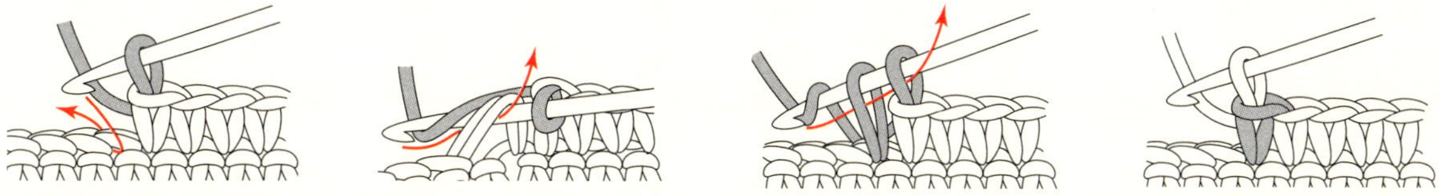

①前段の目の頭（または作り目）に針を入れます。

②糸をかけ、①の２本から引き出します。

③糸をかけ、針にかかっている目をすべて引き抜きます。

④こま編みが１目編めました。

### ◆こま編み２目一度（目を減らす）

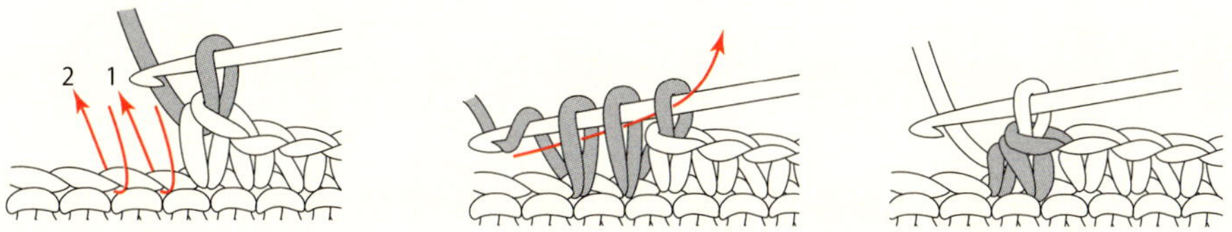
2
1

①１目に針を入れ、糸をかけて引き出します（未完成のこま編み）。そのまま次の目も同様に引き出します。

②未完成のこま編みが２目できたところ。糸をかけて一度に引き抜きます。

③こま編み２目一度ができたところ。

### ◆こま編み２目編み入れる（目を増やす）

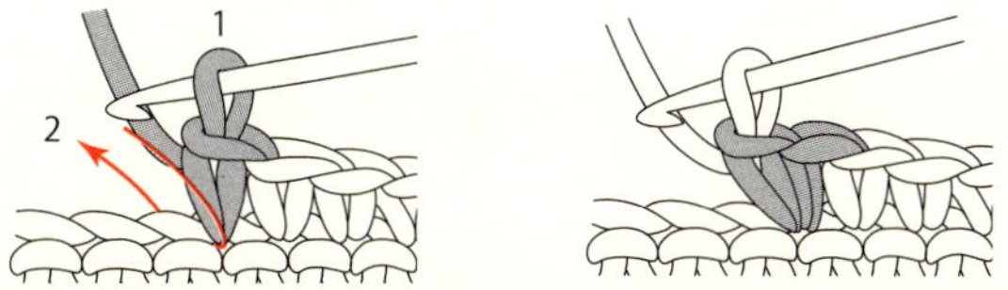
1
2

①こま編みを１目編み、同じところにまた針を入れてこま編みを編みます。

②同じ目にこま編みが２目編まれたところ。

### ◆玉編み（立ち上がり＋中長編み４目）

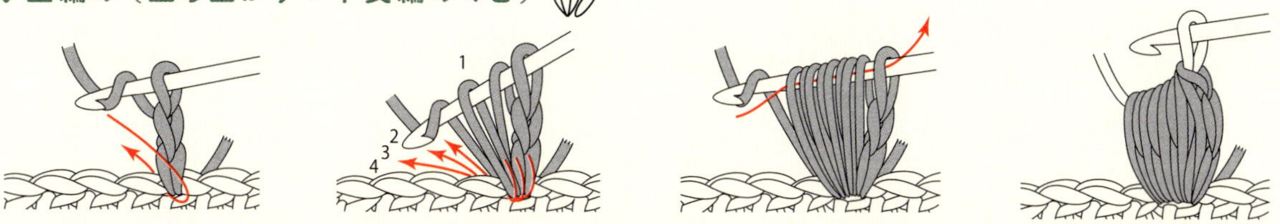
1
2
3
4

①立ち上がりのくさり２目を編みます。針に糸をかけ、同じ目に針を入れて一度引き出します（未完成の中長編み）。

②未完成の中長編みを４回編みます。

③針に糸をかけ、一度に引き抜きます。

④玉編みが編めたところ。

PROFILE

**ミカ＊ユカ**

元手芸編集者のミカと、アパレルブランドで活躍するユカの双子の手芸作家ユニット。ともに文化服装学院で裁縫、編み物を学ぶ。書籍や雑誌、アパレルブランドで編み物やソーイングの作品提案をしている。また、犬服講座の講師や靴下の編成技法に関する特許の取得など、多方面で活躍中。著書に『グラニー編みの教科書』（誠文堂新光社）など多数。

STAFF
ブックデザイン　林陽子（Sparrow Design）
撮影　寺岡みゆき
モデル　リリアナ・ストーム
ヘアメイク　オオイケユキ
スタイリング　伊東朋惠
編み図制作・作り方解説　加藤千絵
編み方イラスト　小池百合穂

材料協力
ハマナカ株式会社　tel:075-463-5151
http://www.hamanaka.co.jp/

衣装協力
● Véritécoeur（http://veritecoeur.com　@veritecoeur_atelier）
表紙、P8,P34,P69　ニットとワンピース、P18 タートルニット、P26 タートルニットとベスト、P51、54、66　ニットとコート
P82、83　ワンピースとパンツ

● Hériter（https://heriter.base.shop　@heriter_official）
P18、P43　ジャケットとデニム、P50 カーディガン

撮影協力
AWABEES　UTUWA

**はじめてでも編める**
**5本指手ぶくろの教科書**

2024年10月11日　発　行　　NDC594

著　者　ミカ＊ユカ
発行者　小川雄一
発行所　株式会社 誠文堂新光社
〒113-0033 東京都文京区本郷3-3-11
https://www.seibundo-shinkosha.net/
印刷・製本　TOPPANクロレ 株式会社



ISBN978-4-416-72349-4